Christl Karnehm

ZU GAST IM HAUSE FUGGER

Berühmte Besucher und glanzvolle Feste
in den Augsburger Fuggerhäusern

context
medien und
verlag

Impressum

Christl Karnehm
Zu Gast im Hause Fugger.
Berühmte Besucher und glanzvolle Feste
in den Augsburger Fuggerhäusern

context verlag Augsburg
ISBN 978-3-939645-11-5
1. Auflage, April 2009

Gestaltung und Produktion:
concret WA GmbH, Augsburg
www.concret-wa.de

Alle Rechte vorbehalten.

Bibliografische Information der Deutschen Bibliothek

Die Deutsche Bibliothek verzeichnet diese Publikation in der Deutschen Nationalbibliografie, detaillierte bibliografische Daten sind im Internet über http://dnb.ddb.de abrufbar.

ISBN 978-3-939645-11-5
© context medien und verlag, Augsburg 2009
www.context-mv.de

Inhalt

Geben und Nehmen	4
Regierende Fürsten	12
Kirchliche Würdenträger	34
Die Hochzeiten	38
Die Künstler	48
Gartenfreunde – Gartenfreuden	58
Aus Küche und Keller	72
Die gedeckte Tafel	82
Literaturauswahl	94
Bildnachweis	95

Geben und Nehmen

Ab dem Jahr 1512 entstanden die Fuggerhäuser in der Maximilianstraße, damals Weinmarkt. Jakob Fugger ließ auch den Damenhof errichten, dessen Renaissanceformen er in Italien kennengelernt hatte.

Geben und Nehmen

„Ohn alle Bezahlung frei geschenkt und verehrt" gewährte Kaiser Friedrich III. in Augsburg Ulrich Fugger I., dessen Brüdern Markus, Peter, Georg und jenem legendären Jakob, den man später „den Reichen" nennen sollte, und darüber hinaus allen weiteren Nachkommen am 9. Juni 1473 das Recht, ein eigenes Wappen zu führen. Die Familie Fugger verwendet es bis heute. Das schlichte florale Motiv wurde in seiner Form gelegentlich dem Zeitgeschmack angepasst, aber nie grundlegend verändert. Auch die Fuggerschen Stiftungen und ihre Institutionen tragen es: eine blaue Lilie auf goldenem und eine goldene Lilie auf blauem Grund in einem gespaltenen Schild.

Diese Wappenverleihung erfolgte in Anerkennung dafür, dass Ulrich Fugger in seiner Eigenschaft als Firmenoberhaupt dem Habsburger Kaiser Geld nicht etwa lieh, sondern schenkte, um sein „Hofgesind auf den Zug zu Herzog Karl von Burgund in das Niederland in ein Farb bekleiden und lustig herfürstreichen (zu) lassen". Das heißt, dass Ulrich Fugger auf seine Kosten das kaiserliche Gefolge einheitlich und angemessen einkleiden ließ, damit es Staat und Eindruck machen konnte. Auf diese Weise trug er gewissermaßen dazu bei, dem Haus Habsburg eine „corporate identity" zu verleihen. Für Kaiser Friedrich III. ging es um eine wichtige Sache: Sein einziger Sohn, der spätere

Im Jahr 1473 verlieh Kaiser Friedrich III. den Fuggern „von der Lilie" ihr blau-goldenes Wappen. Es ist heute noch an zwei Portalen des früheren Augsburger Fuggerhauses am Heu- und Rindermarkt zu sehen.

Maximilian trifft im Jahr 1477 seine Braut Maria von Burgund (aus: Spiegel der Ehren des Erzhauses Österreich, Sigmund von Birken, Nürnberg 1668).

Maximilian I., warb um die schönste und reichste Braut Europas, die kluge, hochgebildete und obendrein schöne Maria von Burgund. Sie war damals 16 Jahre alt und die Tochter und Alleinerbin des mächtigen Herzogs Karl des Kühnen, der sie voller Stolz sein „kostbarstes Juwel" nannte. Diese Verbindung war politisch für beide Seiten höchst erstrebenswert.

Erst nach vielen weiteren Hindernissen kam es doch noch zu einem glücklichen Ende zwischen Maria und dem in ewigen Geldnöten steckenden Kaisersohn. Es wurde daraus sogar eine der ganz wenigen dynastischen Liebesheiraten jener Zeit. Man möchte gerne annehmen, dass nach Abschluss dieses ersten erfolgreichen, für beide Seiten so wichtigen Geschäfts zwischen den Familien Habsburg und Fugger – nämlich Wappen gegen Geld – im damaligen Hause Ulrich Fuggers ein frohes Festmahl anberaumt worden war.

Bedauerlicherweise sind darüber keine Nachrichten überliefert. Allenfalls aufgrund späterer Gepflogenheiten der beiden ungleichen, aber auf vielfältige Weise zu Partnern gewordenen Familien Habsburg und Fugger kann man auch hier von einer geselligen Besiegelung der Verhandlungen ausgehen. Nehmen wir daher diese Wappenverleihung als den höchst wahrscheinlichen Auftakt, in dessen Folge die lange und traditionsreiche Gastlichkeit der Familie Fugger in ihrer Heimatstadt Augsburg wenn auch nicht begonnen hatte, so doch zunehmend in den Blick einer größeren Öffentlichkeit gerückt war.

Nachrichten über Einladungen und große Empfänge der Fugger in Augsburg sind nur zu einem kleinen Teil und wenn überhaupt eher wortkarg überliefert. Dies mag zunächst verwundern. Unsere heutige Zeit ist daran gewöhnt, dass vergleichbare Ereignisse in den verschiedenen Medien möglichst detailliert und nicht selten geradezu voyeuristisch ausgebreitet werden. Und sind es nicht gerade auch Firmen und Institutionen, die nur ungern darauf verzichten, sich mit mehr oder weniger illustren Gästen zu schmücken, um ihr eigenes Prestige zu mehren? Was also hat sich seither verändert? Hielten sich die Angehörigen höherer Stände damals eher zurück? Welche Faktoren spielten hier eine Rolle?

Zunächst waren gedruckte Nachrichten nicht annähernd so verbreitet wie heute und auch nur den gebildeten Ständen zugänglich. Die Auswahl dessen, was unter den gegebenen Umständen als nachrichtenwürdig betrachtet wurde, war begrenzt. Das galt ebenso für Bilder, die nur als Holz- oder später als Kupferstiche vervielfältigt werden konnten und einem ungleich komplizierteren Herstellungsprozess unterlagen, als wir es heute kennen. Die meisten der handschriftlich überlieferten Nachrichten sind über die Jahrhunderte verloren gegangen.

Eine ständisch organisierte Gesellschaft wie die des späten Mittelalters und der Frühen Neuzeit musste sorgfältig darauf achten, dass die Balance im sozialen Gefüge einer Stadt jederzeit gewährleistet blieb. Große Armut barg Gefahren, denn sie konnte zu offener Rebellion führen, vor allem, wenn daneben prunkend zur Schau gestellter Reichtum herrschte. Also galt es, weder Armut noch Reichtum allzu sehr ausufern zu lassen und durch entsprechende Gesetze und Erlasse dem sozialen Frieden einen gut funktionierenden Rahmen zu schaffen. Wie man in Privathäusern feierte und bewirtete, drang nicht so ohne Weiteres nach außen. Damit beschränkt sich aber auch die Überlieferung in unsere heutige Zeit auf wenige herausragende Ereignisse, die man aus vielen kleinen Detailbemerkungen wie Mosaiksteinchen zu einem großen Bild zusammensetzen muss. Das soll hier versucht werden. Zunächst ist ein wenig Vorgeschichte nötig.

Die eingangs erwähnten Verhandlungen zwischen Ulrich Fugger und dem alten Kaiser, die der Wappenverleihung 1473 vorausgingen, begründeten eine über fast zwei Jahrhunderte währende Finanzverbindung – folgenreich für die Fugger ebenso wie für die verschiedenen Linien des Hauses Habsburg. Die Gewährung von Wappen an Kaufleute durch den Kaiser war zwar keine Seltenheit, doch für die einst vom Lechfeld eingewanderte Weberfamilie Fugger bedeutete diese eine erste wichtige Standeserhöhung. Eine ganze Reihe weiterer sollten noch folgen. Am 8. Mai 1511 erhob der junge Kaiser Maximilian I., der sich zu einem charismatischen, aber in Finanzdingen dauerhaft glücklosen Kaiser entwickelt hatte, Jakob Fugger in den Adel, drei Jahre später sogar in den Reichsgrafenstand.

Beides waren höchst ungewöhnliche Ehrenbezeugungen. Die Fugger verdankten sie ihrer steten Bereitschaft, zahllose Ausgaben des Kaisers vorzufinanzieren und ihm in großer Höhe Kredite zu gewähren. Es taten sich damit auch andere hervor. Doch schätzte der Kaiser dabei ganz besonders die absolute Zuverlässigkeit und unverbrüchliche Treue der Fugger. Sie bewiesen ihm beides auch in für sie selbst schwierigen Situationen. Die im Gegenzug vom Kaiser als Sicherheiten immer wieder verlängerten Nutzungsverträge der Tiroler Silberbergwerke, später der Neusohler Kupferminen und schließlich der Pachteinnahmen spanischer Ritterorden begründeten und vermehrten den Fuggerschen Reichtum in atemberaubender Geschwindigkeit. Innerhalb weniger Jahre erlangten sie im Bergbau Tirols eine Monopolstellung, gleichzeitig vervielfachten sie die Metallausbeute durch technische Verbesserungen.

Die Steuerleistung der Fugger hatte sich zwischen 1486 und 1498 mehr als verdoppelt, zwölf Jahre später war ihr steuerpflichtiges Vermögen bereits um das 25-Fache höher als

Unter Jakob Fugger dem Reichen festigten sich die Beziehungen zwischen den Häusern Habsburg und Fugger zu beider Vorteil.

der Ausgangsbetrag. So wiederum konnten sie den Habsburgern als Geldgeber immer zur Verfügung stehen. Jakob Fugger besaß ein ungewöhnlich entwickeltes Gespür für Geschäftsgelegenheiten, gepaart mit einer Weitsicht, die buchstäblich in alle Himmelsrichtungen blickte, dazu ein geschickt aufgebautes und sorgsam gepflegtes Beziehungsnetzwerk. Nicht zuletzt auch durch die äußerst günstige Wirtschaftslage, die dem gesamten oberdeutschen Fernhandel im späten 15. und frühen 16. Jahrhundert Auftrieb gab, hatte der Augsburger sich binnen weniger Jahre in die erste Reihe der deutschen Kaufleute hochgearbeitet.

Und dennoch – nur bedingt förderte dieser rasante Aufstieg seine Stellung innerhalb der Stadt Augsburg. Als Nachfahren eines vom Umland 1367 eingewanderten Handwerkers gehörten die Fugger nicht zu den alteingesessenen Familien. Erst 1538, als etliche Familien des alten Patriziats ausgestorben waren, sodass schließlich für städtische Aufgaben ein Mangel an standesgemäßem Nachwuchs drohte, konnten einige der verdienstvollen Augsburger Kaufleute wie beispielsweise die Baumgartner, Meuting, Imhof, von Stetten und eben die Fugger nachrücken und fortan als Patrizier auch hohe Ämter bekleiden.

Mit den Jahren entwickelte sich zwischen Habsburg und den Fuggern eine gegenseitige Abhängigkeit, die gelegentlich zu

Zerreißproben führte. Auch andere bedeutende Kaufmannsgeschlechter in ähnlich verflochtener Situation waren dagegen nicht gefeit, denn viele von ihnen borgten sich das Geld, das sie den Fürsten liehen, selbst von anderen Bankkaufleuten. Der Nürnberger Lienhart Tucher schrieb, als er sich dadurch in eine missliche Lage gebracht hatte: „Dieweil die schweren Kriege nun viele Jahre lang gewährt und die großen Potentaten große Summen Gelds auf hohe Interessen (Zinsen) von allen Nationen aufgenommen haben, hat sich ein jeder mit den großen Interessen bereichern wollen und gegen Unterpfand der Wechsel aufgenommen, was er hat bekommen können und hat nicht bedacht, in welche Schwierigkeiten er gelangen würde, wenn die Fürsten ihre Versprechen nicht hielten..."

Die kaufmännischen Gläubiger trugen stets das größere Risiko, die Habsburger saßen sowohl im Heiligen Römischen Reich wie auch in Spanien naturgemäß immer am längeren Hebel. Einem Kaiser Zahlungsaufforderungen zu schicken, war in dieser hierarchischen Gesellschaft unüblich, auch wenn Jakob Fugger genau dies einmal versucht hatte. In seinem entsprechenden Schreiben von 1525, das im „Fuggerschen Ehrenbuch" wortwörtlich überliefert ist, heißt es: „Es ist auch wissentlich, und ligt am Tag, dass Euer kayserlichen Mayestät die Römisch Cron außer mein nicht hätten erlangen mögen..."

Regierende Fürsten

Ein Gemälde des 19. Jahrhunderts in den Augsburger Fuggerhäusern erinnert daran, dass Kaiser Karl V. – hier zwischen Anton Fugger (links) und Tizian (rechts) – sich dort während der Reichstage mehrmals als Gast aufhielt.

Regierende Fürsten

Man hätte die Gäste, welche die Fugger im Laufe der Geschichte bei sich hatten, sicher weniger beachtet, wären darunter nicht so außergewöhnlich hochrangige Persönlichkeiten gewesen, allen voran mehrere Generationen von Kaisern. Wie kamen solche Begegnungen zwischen Mitgliedern eines städtischen Kaufmannsgeschlechts und regierenden Häuptern überhaupt zustande? Eine wichtige Rolle spielten hierbei einerseits die spezifischen Talente der Fugger, ihr unbedingter Wille zum wirtschaftlichen und sozialen Aufstieg und andererseits der ständige Finanzbedarf der Habsburger. Das führte zwischen den beiden Häusern trotz der Standesunterschiede zu einer nahezu symbiotischen Konstellation.

Weiterhin lag der Schlüssel zu dieser erstaunlichen Beziehung auch in der Stadt Augsburg, ihrer besonderen geografischen und politischen Stellung im Heiligen Römischen Reich, vor allem wegen der wichtigen Reichstage, die dorthin einberufen wurden. Augsburg beherbergte infolgedessen das gesamte 16. Jahrhundert hindurch regelmäßig eine große Anzahl auswärtiger Würdenträger: die jeweiligen Kaiser und ihre Familien, die sieben Kurfürsten des Reiches, die bedeutendsten Bischöfe und Äbte, Herzöge und Grafen, die hohe und höchste Beamtenschaft sämtlicher dieser Reichsvertreter, daneben wichtige Militärs und Kriegshelden, Gelehrte, Künstler und allerlei Fußvolk, das solche Großereignisse zu begleiten pflegte, um davon zu profitieren. Alle paar Jahre versammelte sich ein buntes Gemenge aus allen Ständen und allen Berufen mit ehrlichen und weniger ehrlichen Absichten.

Augsburg galt als Großstadt, weder von München, das damals nur halb so viele Einwohner aufwies, noch gar von Ulm in ihrer Bedeutung erreicht. Unter den Städten Süddeutschlands konnte allenfalls Nürnberg in wirtschaftlicher und politischer Hinsicht halbwegs konkurrieren. Die sich in der Regel über mehrere Monate hinziehenden Reichstage waren eine enorme Herausforderung an die Infrastruktur und Versorgungsleistung der Stadt. Es galt jedes Mal eine große Anzahl von hochstehenden Persönlichkeiten standesgemäß unterzubringen und zu verköstigen. Dazu kam ein riesiger Fuhrpark, also unzählige Pferde von einfachen Transportgäulen bis zu hin zu den kostbaren Reittieren der hohen Herren, die es unterzustellen und zu füttern galt. Darüber hinaus brauchte es Platz für Fuhrwerke, Kutschen und Sänften.

Maximilian I., für dessen angemessene Ausstattung zur Brautschau die Fugger einst finanziell in die Bresche gesprungen waren, revanchierte sich als Kaiser mit steter Protektion. Während seiner zahlreichen Aufenthalte in Augsburg traf er mit seinen Geldgebern jedes Mal zusammen und speiste in ihrem prachtvollen Wohnhaus, das der Begleiter des Kardinals Luigi d'Aragona, Antonio de Beatis, im Mai 1517 geradezu euphorisch beschrieb: „Der Palast gehört zu den schönsten in Deutschland. Er ist mit buntfarbigen Marmorsteinen verziert. Die Straßenfassade zeigt Geschichtsbilder mit vielem Gold und vollkommensten Farben. Das Dach ist ganz von Kupfer. Außer den nach deutscher Art eingerichteten Räumen erblickt man auch einige nach italienischem Geschmack, sehr schön und mit gutem Verständnis hergestellt". Das wollte aus der Feder eines verwöhnten Italieners etwas heißen. Vorerst war es allerdings noch üblich, dass der Kaiser sein Nachtquartier auf der bischöflichen Pfalz bezog.

Vom Reichstag 1510 gibt der „Spiegel der Ehren des Höchstlöblichen Erzhauses Österreich", eine Art Chronik habsburgischer Taten, ein anschauliches Bild darüber, wie zwischen den Reichstagsgeschäften auch Gastmähler, Tanzvergnügen, Fastnachtstreiben, Reiterspiele und dergleichen Kurzweil stattgefunden haben. Indem die Fugger vor ihrer reich bemalten Hausfassade die Rennbahn für ein sogenanntes „Scharfrennen" aufrichten ließen, rückten sie ihr Anwesen stolz in das Blickfeld aller Zuschauer. Und Maximilian I., der Ritterspiele liebte wie kein anderer Herrscher seiner Zeit, wollte derlei keinesfalls versäumen. Besonderes Augenmerk legte die Chronik auf die prachtvolle Kleidung des Kaisers, wonach er in einem roten, mit Perlen und Edelsteinen bestickten Waffenrock erschienen war. Auf dem Helm trug er den doppelköpfigen Adler mit einem Diadem, das die Wappen von Österreich und Burgund aufwies. Auch sein Pferd trug eine rohseidene, mit Perlen bestickte Decke. Nachdem der Kaiser und der Kurfürst Friedrich von Sachsen mit ihrer kaum minder prachtvoll herausgeputzten Begleitung „die Bahn dreymal umritten und jeder einen Versuchritt darüber verrichtet, verfügte sich Kaiser Maximilian in Jacob Fuggers Behausung: daselbst er den köstlichen Schmuck abgeleget, sich und sein Roß mit roht- und weissem Damast angethan und den Helm mit einem schönen Pfaufederbusch bezieret. Hierauf ritte er wiederum auf die Stechbahn: da dann, unter dem Schall der Trompeten und Heerpaucken, diese zween Aller- und Durchleuchtigste Rittere zusammengerennet, und also wol getroffen, dass sie beyde faest sitzen blieben, und allein die Schilde über das Haupt in die Höhe flogen. Nach diesem schönen Ritt begaben sie sich in besagte Fuggersche Behausung, alda sie die Rüstung von sich gelegt, den Nacht Imbiß eingenommen und folgends in einer köstlichen Mumerey nach dem Danzhaus sich verfüget; dahin die von der Burgerstuben alle ihre Frauen und Jungfrauen hatten kommen lassen."

Es war in Augsburg steter Brauch, dass eine große Abordnung von Honoratioren der Stadt den Kaiser und sein Gefolge begrüßten, Geschenke überreichte und ihn zu seinem Nachtquartier geleitete. Allein die Mitglieder des Patriziats waren geladen, an den Veranstaltungen im städtischen Tanzhaus teilzunehmen. Und doch fällt auf, wie häufig die Chronisten bei festlichen Anlässen den Namen der Fugger ausdrücklich nannten, während dies bei anderen, ebenfalls anwesenden Vertretern der höheren Stände nicht geschah. Indem sie in ihren Häusern Gastmähler abhielten oder andere Lustbarkeiten finanzierten, verstanden sie es offenbar besonders gut, zum jeweiligen Herrscher eine eigenständige und in der Öffentlichkeit beachtete Verbindung herzustellen. Beide Seiten, die Fugger wie der jeweilige Herrscher, konnten so ihren speziellen Nutzen daraus ziehen – jeder auf seine Weise.

Ein Geschlechtertanz auf dem Augsburger Tanzhaus im Jahr 1500 (Maximilianmuseum Augsburg).

Typisch verlief der Besuch des damaligen Erzherzogs Ferdinand, des jüngeren Bruders von Kaiser Karl V., der am 8. März des Jahres 1521 begann. Die hohen Räte der Stadt empfingen ihn mit den üblichen Geschenken: Fisch, Wein und Edelmetall, in diesem Fall mit zwei vergoldeten Bechern im Wert von 320 Gulden. Am 12. März hielten sie einen nicht näher geschilderten „Statttantz" ab, und im gleichen Satz berichtete der Chronist: „und der Jacob Fugger hett ihn zu Gast und Herzog Wilhelm von Pairen und den Cardinal den Langen (Matthäus Lang von Wellenburg) auch zu dem Nachtmal. Und gab in 20 Essen oder (Ge)richt, darunter waren 8 Essen von Fisch". Die eigens erwähnten Fische machen deutlich, dass sie zu den besonders kostspieligen Tafelfreuden gehörten.

Ferdinand, der viele Male in Augsburg weilte, hatte übrigens die ihm im Hause Fugger stets gastlich gewährten Wohltaten nie vergessen. Just als Jakob Fugger im Sterben lag, beendete er einen seiner zahlreichen Besuche in Augsburg. Dem Brauch nach wäre er mit Pauken und Trompeten ausgezogen, doch „da Herr Ferdinandus soliche Kranckhait hat vernomen, hat sein Majestät aus Mitleiden und Liebe, so er gegen Herr Jacob Fugger hat gehapt und (ge)tragen, am Fürreitten für sein Haus seinen Trumethern und Baugenschlagern verschafft, dass sie still fürziechen und weder trumethen noch baugen und ihm damit kain Traurigkeit oder Beschwernus machen".

1530 beehrte Kaiser Karl V. die Fugger erstmals mit seinem Besuch unter ihrem Dach, doch nicht in Augsburg, sondern in ihrem stattlichen Haus in Schwaz. Bewacht von Tiroler Bergknappen nahm er dort sein Nachtquartier. Untertags besichtigte er den Falkenstein und ließ sich von Fuggerfaktor Christoph Hörmann die Technik des Silberbrennens vorführen. Damit gab er gewissermaßen „vor aller Welt die vertraute Beziehung zwischen der Firma und dem Herrscher" kund, eine Ehre, die zuvor keiner nach Rang und Stand vergleichbaren Familie zuteil ward.

Im gleichen Jahr stieg derselbe Kaiser zum letzten Mal im bischöflichen Palast auf dem Fronhof in Augsburg ab. Seine ihn begleitende Schwester Maria, ihres Zeichens Königin von Ungarn und Böhmen, sowie Schwägerin Anna und die Damen ihres Gefolges waren unweit von Augsburg im Schloss Wellenburg untergebracht, das damals noch nicht der Familie Fugger, sondern dem Kardinal Matthäus Lang gehörte. In allen Details überliefert ist der Zug des Kaisers, seines Bruders Ferdinand und sämtlicher Kurfürsten durch die Stadt: „Der Kaiser hat auff seinem Haupt gehapt ain kostliche kaiserliche Kron von guttem rainen Gold mit mancherlei grosen edlen Stainen und Feinberlachen (Perlen) auff das allerkostlichst, dergleichen (zu)vor nie gesehen ist worden."

Die Königinnen Maria und Anna und mit ihnen „50 Junckfrauen und 12 edler gestanden Frauen ... auch Pfaltzgraff Ott Hainrichs Gemahel mit ihrem Frauenzimmer und Hertzog Wilhelms von Bayren Gemahel mit irem Frauenzimer und sunst viel Fürsten und Herrn sind all gewesen in Herrn Raymunds und Herrn Anthoni Fuggers Häusern, sind in den Fenstern gestanden, haben da solicher Solemnitet (Festlichkeit) zugesehen". Die Damen des Gefolges nahmen am offiziellen Einritt zwar nicht teil, doch war es üblich, dass sie das Spektakel zumindest von den Fenstern der Fuggerhäuser aus beobachteten. In einer Zeit, da Zerstreuung und Abwechslung von den Plagen des Alltags allen gesellschaftlichen Schichten höchst willkommen waren, ließ sich auch kaum ein Bürger der Reichsstadt entgehen, einen solch prachtvollen Einzug mit eigenen Augen anzusehen.

Im Fuggerhaus in Schwaz beehrte Kaiser Karl V. die Fugger erstmals mit seinem Besuch. In den folgenden Jahren wurde es üblich, dass er in den Augsburger Fuggerhäusern Quartier bezog.

Im Sommer 1534 wagten es die überwiegend protestantische Lehren favorisierenden Ratsmitglieder, vom aufgehetzten Pöbel zusätzlich unter Druck gesetzt, den Augsburger Bischof dauerhaft zu entmachten, sodass dieser gezwungen war, seine Residenz nach Dillingen an der Donau zu verlegen. Damit fiel er als natürlicher Gastgeber für hochrangige Besucher aus. Nach dem unfreiwilligen Wegzug des Bischofs hätte man es eigentlich als Aufgabe des Rats der Stadt betrachten können, für die anspruchsvolle Beherbergung nobler Reichstagsgäste alleinige Sorge zu tragen. Doch sobald der Termin des Reichstags feststand, begannen die kaiserlichen Quartiermeister vor Ort die zahlreich benötigten Unterkünfte zu organisieren.

Wie der Chronist Clemens Sender 1530 berichtete, gingen diese ungewöhnlich rigoros zu Werke, denn sie „hielten sich sehr streng gegen die Leute, handelten mit Gewalt, wie man es in Augsburg vorher nie erlebt hatte. Man musste die Häuser allenthalben auftun und sie besichtigen lassen; wo man sich wolt wehren, da traten sie, die Häuser mit Gewalt aufzustossen und trieben sehr viel Hochmut mit Worten. Darzu legten sie den Leuten Gäste ihres Gefallens in die Häuser und es half nicht, dass der Rat selbst drei Ratsherren darzu verordnet hatte, sie handelten nach ihrem Gefallen".

Die rüden Sitten der kaiserlichen Quartiermacher in jenen Tagen ließen in Anton Fugger den Entschluss reifen, solchen

Das kaiserliche Palatium im Serenadenhof der Fuggerhäuser in Augsburg.

Übergriffen zuvorzukommen. Er wollte dem ranghöchsten aller Gäste, dem Kaiser selbst, von sich aus ein standesgemäßes Logis im eigenen Hause anbieten, statt zu warten, bis ihn ein Dekret dazu aufforderte. Und nicht nur das: Die ab 1532 laufenden Umbauten der von seinem Onkel Jakob Fugger ererbten Häuser am Weinmarkt nahm er zum Anlass, allein für den Kaiser und dessen Entourage die bestmöglichen, schönsten und angenehmsten Wohnräume einzurichten. Er war überzeugt, dass sich die Investition in eine solche Maßnahme für sein eigenes Prestige und Ansehen ebenso lohnen, wie es Kaiser Karl V. und allen seinen Nachfolgern bequeme und erinnerungswürdige Aufenthalte in Augsburg bescheren würde.

Die Rechnung ging auf. Bis zum letzten Augsburger Reichstag im Jahre 1582 logierte jeder Kaiser, der die Stadt besuchte, bei den Fuggern, denn mit dem kaiserlichen Palatium in den Fuggerhäusern standen nun dauerhaft angemessene Zimmer zur Verfügung. Auch wenn über deren Ausstattung nichts mehr überliefert ist, da sie im Dreißigjährigen Krieg heftig geplündert wurden, können wir sicher davon ausgehen, dass Anton weder Kosten noch Mühen gescheut hatte, diese Zimmer komfortabel einzurichten und nach neuestem Geschmack gestalten zu lassen. Die Kaiser wiederum nutzten die ihnen gebotenen Räume mit einer Selbstverständlichkeit, als wären sie ihre eigenen, und empfingen und walteten darin nach ihrem eigenen Gutdünken. Und nichts davon drang nach außen. Die Fugger hielten absolute Diskretion, mit der Folge, dass wir über die Aufenthalte der Kaiser im Hause Fugger so gut wie gar nichts wissen – doch vermutlich war gerade dies einer der Hauptgründe dafür, dass die Kaiser so gerne bei den Fuggern abstiegen.

Nach Beendigung des Schmalkaldischen Krieges zwischen Katholiken und Protestanten kam Kaiser Karl V. als Sieger der Schlacht von Mühlberg zu einem neuen Reichstag nach Augsburg, den man später „den geharnischten" nennen sollte, denn das Militär gab den Ton an. Diesmal war die Stadt in den Blickpunkt von ganz Europa gerückt. Im Spätsommer 1547 zog Karl mit seinem prominentesten Kriegsgefangenen, dem „Churfürsten Johann Friedrich von Sachsen in einem offenen Wagen gleichsam im Triumph nach Augspurg" ein. Zwei Häuser und ein Gässchen weiter wurde der schwer Gedemütigte bei den Welsern einquartiert. Da „der Kayser in dem Fuggerischen Hauß auf dem Wein-Marckt zu logiren Willens" war, wurden dazwischen einige Wände durchbrochen und ein hölzernes Gerüst über das Gässchen gelegt. So konnte sich der Kaiser jederzeit mit dem Kurfürsten, der nun keiner mehr war, unterreden.

Für die überwiegend protestantisch gewordenen Freien Reichsstädte Süddeutschlands, also auch für Augsburg, brachen harte Zeiten an. Der Kaiser forderte den von den Protestanten in Beschlag genommenen Dom für den katholischen Gottesdienst zurück, darüber hinaus 150 000 Gulden Strafe und die Aufnahme der aus dem Krieg zurückkehrenden spanischen, italienischen und niederländischen Truppen. Das war nicht ungefährlich, sehr teuer und diese Soldateska keineswegs das Publikum, das die Stadt in ihren Mauern beherbergen wollte, wo man sonst lieber Kaufleute aus aller Herren Länder willkommen hieß. Doch wäre es wohl schlimmer ausgegangen, hätte die Stadt mit Anton Fugger und Bartholomäus Welser nicht ihre engagiertesten Fürsprecher in den Reihen des eigenen Patriziats gehabt. Beide waren mit dem Kaiser durch ihre langjährigen Kreditgeschäfte verbunden, dabei gegen die reichsstädtischen Tendenzen immer treu katholisch geblieben, sodass ihnen nun die entscheidende Vermittlerrolle zwischen ihren Stadtoberen und dem zürnenden

Kaiser zufiel. Die stets sorgfältig gepflegten persönlichen Beziehungen bewährten sich in dieser Zeit der Zerrissenheit wie nie zuvor.

Die üblichen Reichstagsteilnehmer, des Kaisers Bruder König Ferdinand I., sämtliche Kurfürsten, der mächtige Kardinal von Trient, Ludovico Madruzzo, die Herzöge Heinrich von Braunschweig, August von Sachsen, Albrecht von Bayern, Wolfgang Pfalzgraf bei Rhein, Markgraf Albrecht von Kulmbach und viele mehr ließen es sich in der Stadt wie immer recht wohl sein. Nur der Kaiser selbst, den die Gicht über den ganzen Winter hinweg plagte, lebte äußerst karg, zurückgezogen und veranstaltete „gar kein Bankett, ja er behielt keinen bei sich. Wenn sie ihm aufwarteten und ihn aus der Kirche in sein Gemach, wo er sich zu Tisch setzte, begleiteten, gab er ihnen einem nach dem andern die Hand, ließ sie gehen und setzte sich allein an den Tisch".

Zu den wenigen, dafür ganz und gar nicht alltäglichen Gästen, die Kaiser Karl V. in „seinem" Palatium des Fuggerhauses empfing, gehörte während dieses Reichstags der Bey von Tunis, Muley Hassan. Karl V. hatte diesen im Jahre 1535 als Verbündeten und „König" von Tunis eingesetzt, in der Hoffnung, mithilfe einer solchen Allianz sowohl die ständig marodierenden Seeräuber als auch die türkischen Eroberungsgelüste in Schach halten zu können. Doch des Beys eigener Sohn vertrieb ihn wieder aus der Position und trachtete ihm nach dem Leben. Nun bat der entthronte Muley Hassan ausgerechnet im frostigen Augsburg um militärische Unterstützung, damit er seinen Thron zurückerobern könnte.

Grausame Feldzüge der Osmanen erschütterten damals den Balkan und auch ihre Schiffe kreuzten gefährlich nah an den Küsten des westlichen Mittelmeeres. Erst wenige Jahre zuvor, 1529, standen sie vor Wien, wo buchstäblich in letzter Minute die rettenden Truppen eintrafen. Die Verhandlungen zwischen dem Kaiser und dem Bey scheiterten, wie so vieles damals, am Geldmangel des Hauses Habsburg. Dem konnten auch die Fugger nicht immer in vollem Umfang abhelfen. Jedenfalls bekamen

Im kaiserlichen Palatium des Fuggerhauses empfing Kaiser Karl V. 1535 den mit ihm verbündeten Bey von Tunis, Muley Hassan.

selbst die weltläufigsten Augsburger Handelsherrn nicht alle Tage einen leibhaftigen Bey zu sehen, noch weniger hatten sie einen zu Gast unter ihrem Dach.

Einige Wochen vorher, am 24. Februar 1548, der auch des Kaisers Geburtstag war, nahm dieser die Gelegenheit wahr, dem katholischen Herzog Moritz von Sachsen die Kurwürde zu verleihen, die dem gefangenen Johann Friedrich aberkannt worden war. Die Verleihung fand direkt vor den Fuggerhäusern auf dem Weinmarkt statt. Dort war eine „hohe bedeckte Bühne mit Staffeln aufgerichtet und selbe mit kostbaren Tapeten bedecket" worden, wofür zweifellos die Fugger aufkamen. Denn für die mehrheitlich evangelischen Stadtbewohner stellte dieses Spektakel eine hässliche Kröte dar, die es stumm zu schlucken galt. Wichtige Zeugen waren die in der Stadt anwesenden regierenden Häupter, die den oben auf der Tribüne thronenden Kaiser formell um die Belehnung ansuchten. „Der Kayser, nachdem er hierüber die Chur-Fürsten befraget, sagte ihnen solches durch den Chur-Fürsten von Mayntz zu, wann Hertzog Mauritz selbst kommen, und darum bitten würde. Dieser rannte sogleich mit

Die Übergabe der Kurinsignien an Moritz von Sachsen während des Reichstags von 1548 fand vor den Fuggerhäusern statt.

seinem ganttzen Hauffen, vor welchem 10 Fahnen mit den Wappen seiner Länder getragen wurden, zu dem Gerüst, stieg hierauf von dem Pferd ab, kniete vor den Kayser nieder, und bate gleichfalls um seine Belehnung..." Wie Trauben hing das Volk in den Fenstern der umliegenden Häuser, um diesem raren Spektakel beizuwohnen. Man kann füglich annehmen, dass in der Fuggerschen Küche zur gleichen Zeit Hochbetrieb herrschte, stand doch die anschließende gebührende Bewirtung der zahlreichen hohen Gäste bevor. „Der gefangene Churfürst Johann Friederich konnte aus seinem Quartier diese Handlung völlig mit ansehen" – er darf wohl als der Unglücklichste im näheren Umkreis dieses festlichen Ereignisses gelten.

Im Jahr darauf weilte der älteste Sohn Kaiser Karls, der später als König Philipp II. von Spanien in die Geschichte eingehen sollte, in Innsbruck. Der Augsburger Rat schickte Anton Welser und Georg Fugger aus, den Infanten einzuladen und nach Augsburg zu begleiten, wo er, wie es sein Vater zu tun pflegte, selbstverständlich im Hause Anton Fuggers Quartier bezog. Die Stadt beschenkte Philipp mit zwei vergoldeten Trinkgeschirren, von denen eines mit 500 Goldgulden, das andere mit 500 Dukaten gefüllt war. Dazu erhielt er zwei Fass Neckarwein und zwei mit Malvasier, sechs „Zübern mit Fisch" sowie Hafer für die Pferde.

1550 kam der Kaiser mit seinem Sohn Philipp ein letztes Mal nach Augsburg. Die Abordnung der Stadt überreichte ihnen diesmal weißen und roten Wein, Hafer und acht Zuber Fisch. Des Kaisers Bruder Ferdinand, der tags zuvor schon eingetroffen war, hatte seinerseits bereits fast die gleichen Gaben erhalten. Es ist anzunehmen, dass die Beschenkten, von den Geldstücken abgesehen, das meiste an ihren hochherzigen Gastgeber weitergaben, um sich erkenntlich zu zeigen. Die Naturalien hätten sie auf ihrer Weiterreise eher belastet als erfreut. Doch da sich gerade Karl V. in jenen Jahren oft und lange in Augsburg aufhielt, wird ihm durchaus vergönnt gewesen sein, zumindest einen Teil des geschenkten Weines mit der Familie seines Gastgebers und dessen anderen Gästen vor Ort zu genießen. Der Kaiser scheint sich in seinem Fuggerschen Palatium so wohl gefühlt zu haben, dass er zunehmend dazu übergegangen war, auch hochoffizielle Anlässe dorthin zu verlegen. Am 8. März 1551 nahm er beispielsweise die feierliche Belehnung seines Sohnes Philipp mit den Herzogtümern Mailand, Geldern, Brabant, Luxemburg, Limburg und den Grafschaften Flandern und Burgund in seinen Zimmern in den Fuggerhäusern vor.

Der nächste Reichstag musste im Laufe des Jahres 1554 aufgrund einer „Leibes-Schwachheit" des Kaisers immer wieder verschoben werden. Schließlich legte er die Geschäfte ganz in die Hände seines Bruders, König Ferdinand. Tatsächlich kam Karl V. nie wieder nach Augsburg, während, so berichtet die Chronik, im Dezember schließlich stellvertretend sein Bruder in Begleitung seines jüngsten Sohnes, des 14-jährigen Prinz Karl, in Augsburg eintraf, „welch letzterer, weil er noch niemalen daselbst gewesen, von dem Rath ansehnlich beschencket worden". Diesen Besuch nahm auch der Gastgeber Anton Fugger zum Anlass, den jungen Herrn etwas besser kennenzulernen, der später Erzherzog von Innerösterreich wurde und über ein riesiges Gebiet von Kärnten und der Steiermark bis hinunter nach Triest und die habsburgischen Teile des Friaul herrschen sollte.

Bei dem bis ins Jahr 1555 währenden Reichstag setzten die Fugger ein Bankett an, zu dem unter anderen auch Herzog Heinrich von Braunschweig geladen war. Dieser wohlbeleibte Herr, der gerne gut und viel speiste, gab damals eine Anregung, ohne die heutzutage kein Koch mehr arbeiten könnte, nämlich das Verfassen einer Speisekarte. Denn man trug damals eine solche Anzahl von Gängen auf, dass wohl keiner der Gäste sie allesamt hätte zu sich nehmen können, ohne zu platzen. Der Herzog wünschte daher genau wissen, worauf er sich „beschränken" wollte. Wie sein Tischnachbar, der Graf Haug von Zimmern in seiner Chronik schrieb, „het Herzog Hainrich ein langen Zedel bei im uf der tafel liegen... darinn het im der Kuchenmaister alles Essen und Drachten (Gänge) ordentlich ufgezaichnet. Unnd kunt sich Herzogen Hainrich demnach mit seinem Essen darnach richten und sich uf die bösten Trachten sparen".

Karl V. war des weltlichen Treibens hingegen zunehmend müde geworden und dankte ab, ein höchst ungewöhnlicher Schritt für einen Kaiser. In seinem vorletzten Lebensjahr zog er sich ins spanische Kloster Yuste zurück, wo er 1558 starb. Zwei Jahre später folgte ihm übrigens sein Augsburger Gastgeber Anton Fugger, der „um die Stadt Augsburg hochverdiente Mann", in welchem der Kaiser seinerseits einen zu jeder Zeit solidarischen Finanzier und unbedingten Unterstützer seiner Politik gefunden hatte.

Sowohl Karls Bruder Ferdinand, der 1556 die Kaiserkrone übernahm, als auch dessen Ältester, Maximilian, behielten die Gewohnheit bei, in Augsburg die Gastfreundschaft der Fugger zu beanspruchen. An Weihnachten 1562 bereitete man König Maximilian, als er bei den Fuggern weilte, eine „sehenswürdige

Im Jahr 1562 veranstalteten die Fugger eine Schlittenfahrt für König Maximilian, wie sie eine Radierung von W. P. Zimmermann aus dem Jahr 1618 zeigt.

Schlittenfahrt ... bey welcher der König, die Königin, und Hertzog Albrecht und andere Grafen und Ritter der Königin Frauenzimmer geführt, nachgehends aber auch andere Lustbarkeiten angestellet, und also dieses Jahr zu Augspurg glücklich und in Freuden beschlossen".

Im Januar 1566 kam Maximilian erstmals in seiner Eigenschaft als Kaiser, der zweite dieses Namens, „nebst seiner Gemahlin Maria und seinen 3 Printzessinnen auf den bevorstehenden Reichstag". Mehr als „300 der vornehmsten Bürger und derselben Diener zu Pferd" begleiteten ihn zum Dom „und nach verrichtetem Gottesdienst von dort aus wieder bis in das Fuggerische Hauß auf dem Wein-Marckt, woselbst er sein Quartier genommen". Nach Karl V. und dessen Bruder Ferdinand II. war er der dritte Kaiser aus dem Hause Habsburg, der dort für die gesamte Dauer des Reichstags das längst berühmte Palatium bezog.

Die beiden ältesten Söhne Anton Fuggers, Marx und Hans, die diesen Familienwohnsitz von ihrem Vater geerbt hatten, hießen den neuen Kaiser und seine Begleitung ebenso willkommen, wie sie es bereits als Kinder von ihren Eltern erlernt hatten. Sie hatten all die Turbulenzen, die hohe Gäste mit sich brachten, von klein auf erfahren und wussten sich in solcher Gesellschaft mit aller gebotenen Gewandtheit zu bewegen. Das tägliche Ein und Aus und die vielen Gastmähler waren neben der Bewältigung der laufenden Geschäfte sicherlich anstrengend, andererseits

Gemeinsam mit seinem Bruder Markus (Marx) hatte Hans Fugger die Fuggerhäuser am Weinmarkt von seinem Vater Anton geerbt.

gewährte ihnen das nahe Zusammenleben mit dem Kaiser selbst und seinem Hofstaat Einblicke und Gesprächsgelegenheiten, um die so manch anderer Augsburger Kaufherr viel gegeben hätte.

Am folgenden Tag erschienen die Stadtverordneten, diesmal mit besonders reichlichen Gaben, nämlich mit „drey künstlich gearbeiteten silbern und vergoldten Trinck-Geschirren, in welchen 2000 neue Augspurgische Gold-Gulden, auf deren einer Seite des Kaysers Brust-Bild, auf der andern der Stadt Wappen war." Auch die schon früher gewährten Naturalien – Fisch, Wein und Pferdehafer – fielen üppiger aus, als es unter Karl V. üblich war. Zudem beschenkte man auch die Kaiserin „mit einer verguldten Schüssel, 400 Gold-Gulden, 6 Züber Fischen, 2 Lägeln (Fässchen) ausländischen und einem Wagen Land-Wein".

Einer der Höhepunkte dieses Reichstags im Jahr 1566 war die letzte öffentliche Belehnung im Deutschen Reich. Ihr Empfänger war Kurfürst August von Sachsen und fand – mit Pauken und Trompeten – vor dem städtischen Tanzhaus unmittelbar vor den Fuggerhäusern statt, die damit wiederum im Mittelpunkt der Aufmerksamkeit standen. Einige Tage später bat der Kaiser „21 Chur- und Fürsten in seinem Quartier zu Gast, bey diesem prächtigen Gastmahl wurden bey jeder Tracht, deren 5 waren, jedesmal 125 Speisen aufgetragen".

Das hieß einmal mehr Hochbetrieb für die Fuggerschen Küchenmeister, das servierende Personal, die Mägde, die mit Gläsern, Geschirr und Besteck, jene, die mit Kannen, Töpfen und schweren Pfannen zu hantieren hatten, und für die Waschweiber, die anschließend die Tischwäsche wieder truhenfertig zu waschen und zu bügeln hatten. Und ganz gewiss nicht zuletzt für die Gastgeber selbst, die über Monate für einen reibungslosen Ablauf des Reichstagsalltags, so weit er unter ihrem Dach stattfand, Sorge zu tragen hatten, damit es ihren hohen Gästen an nichts fehle.

1599 sagte „Erzherzog Maximilian samt dem regierenden Herrn von Bayern und an dreihundert Personen seines Hofgesindes und einem stattlichen Frauenzimmer" seinen Besuch an und „hat sich in des Herrn Marx Fugger Behausung einlogiert." Für die hohen Gäste wurde in den folgenden Tagen ein „Turnier und Ringelrennen gar stattlich und herrlich mit köstlicher Zier und Kleidung" abgehalten, bei dem Marx Fuggers jüngerer Bruder Christoph und ihr Vetter Anton als „Mantenatores" dienten. „Hiebei hat man seltsame Aufzüge gesehen. Besonders ist auch eine bayerische Bauernhochzeit aufgezogen, welcher man auf offenem Weinmarkte zum Essen und Trinken aufgetragen hat. Diese haben dann auch getanzt und gesungen und mit ihren Degen nach Bauernart aufeinander geschlagen und scharmützelt und dies zur Kurzweil Ihrer fürstlichen Durchlaucht eine gute Zeit getrieben, was alles lustig zu sehen gewesen ist".

Unzweifelhaft brachten diese Reichstage für die Fugger auch allerhand persönliche Einschränkungen und Beschwerlichkeiten mit sich, wie man in Hans Fuggers Korrespondenz aus dem Jahr 1582 nachlesen kann, als Kaiser Rudolf II. das erste und gleichzeitig letzte Mal nach Augsburg kam. Offensichtlich war es nicht damit getan, die Räume des Palatiums zur Verfügung zu stellen. Auch die Privatgemächer der Fugger wurden – jedenfalls in den späteren Jahren – vom zahlreich angereisten kaiserlichen Gefolge beansprucht. Über seinen zweimaligen Umzug – zuerst mit Sack und Pack über die Straße zur befreundeten Familie Honold und nach etlichen Monaten wieder zurück ins gewohnte Heim – äußerte Hans Fugger sich alles andere als begeistert. In einem Brief klagt er, dass er „des Hausrats sovil" besitze, dass er für diese Zeit schier nicht wisse, wohin damit.

Als echter Fugger immer solidarisch mit den Belangen des Heiligen Römischen Reiches, fügte er hinzu, dass er alles Ungemach gerne ertragen wolle, wenn nur die Verhandlungen zu einem guten Ergebnis führten. Sie drehten sich damals vor allem um die Finanzierung der Türkenkriege, die zwar von Arm und Reich als heftige Bedrohung empfunden wurden, dennoch wollte für die angemessene Verteidigung niemand so recht bezahlen. Die Offenheit und Gastlichkeit der Fugger gegenüber den höchsten Reichstagsgästen hatten sich im Laufe von gut 40 Jahren wohl etwas abgenützt. Der ursprüngliche Vorteil, sich in Stadt und Land Respekt und Ansehen zu verschaffen und den eigenen Namen zu befördern, war längst erreicht und zur Selbstverständlichkeit geworden.

Anders als bei den Habsburgern sind die Anfänge der Beziehungen zwischen den Fuggern und dem Geschlecht der Wittelsbacher nicht ohne Weiteres mit einem markanten Ereignis zu verbinden. In jenen Jahren, da die Ideen der Reformation die Gläubigen spalteten, erhielten beider Interessen einen gemeinsamen Fokus: Die Fugger erwiesen sich als verlässliches Bollwerk gegen den Protestantismus in Augsburg und vertraten ihre katholische Position immer wieder mit entschlossenem Mut.

Ebenso stand auch Herzog Albrecht V. von Bayern während der Religionskonflikte verlässlich auf katholischer Seite, also der des Kaisers. Er nahm während der Reichstage sowohl an den im Fuggerschen Palatium einberufenen Gesprächen wie an den anschließend von Anton Fugger ausgerichteten Gastmählern teil, die ein näheres gegenseitiges Kennenlernen erlaubten. In der nächsten Generation engagierten sich beide sehr für die Ansiedelung des Jesuitenordens – in Augsburg wesentlich gefördert durch die Initiative und Spendenbereitschaft der Fugger, in München und an der Universität in Ingolstadt durch Herzog Wilhelm V.

Da Antons erstgeborener Sohn Marx noch nicht genug Erfahrung in der Firma angesammelt hatte, hatte er fürs Erste seinen 13 Jahre älteren Neffen Hans Jakob testamentarisch zu seinem Nachfolger bestimmt. So begab sich Ende Juli 1561 „Hertzog Albrecht von Bayern mit seiner Frau Mutter, seiner Gemahlin Anna und fünf ledigen Kayserlichen Printzessinen, Magdalena, Margaretha, Barbara, Helena und Johanna, nach Augspurg und nahm sein Quartier in Hanß Jacob Fuggers Hauß. Diesen hohen Gästen zu Ehren stellte der Rath unterschiedliche Lustbarkeiten, als Schwertdt-Täntze, Fischerstechen und andere Kurtzweile an". Doch viel lieber als um die Handelsgeschäfte kümmerte sich Hans Jakob Fugger um seine Kunstsammlungen.

Mit seinen ausgeprägten humanistischen Neigungen traf er in Herzog Albrecht V., der ebenfalls ein großer Sammler von Kunstwerken und Büchern war, einen Gleichgesinnten. Beide gaben enorme Summen für ihre Leidenschaft aus. Eine Firma allerdings geht leichter bankrott als ein Herzogtum: Kurz hintereinander wurde die private Zahlungsunfähigkeit Hans Jakobs und seines Bruders Ulrich bekannt. Die Vettern Marx und Hans Fugger entzogen deswegen Hans Jakob die Firmenleitung. Sein Gönner Herzog Albrecht berief ihn daraufhin nach München, um ihn ausgerechnet zu seinem Hofkammerpräsidenten zu ernennen, was der heutigen Rolle eines Finanzministers entsprach.

Damit trübten sich die Beziehungen zwischen Herzog Albrecht und Hans Jakobs Vetter Marx etwas, der nun mit Unterstützung seines Bruders Hans die Geschäfte der Firma Fugger übernahm. Doch ließen sich die beiden von den schwieriger gewordenen Umständen nicht beirren, liehen dem Bayernherzog weiterhin Gelder, besorgten ihm Waren aus allen Hafenstädten der Welt und standen allzeit treu zu Diensten, selbst dann, wenn ihnen manchmal Hofintrigen zusetzten, an denen ihr ungeliebter

Der Kupferstich von Michael Wening aus dem Jahr 1701 zeigt das Schloss in Schmiechen. Die Fugger erwarben die Hofmark 1509 von Kaiser Maximilian I.

Vetter nicht ganz unbeteiligt schien. Aber der Herzog, dessen Finanzbedarf stets groß war, konnte auf ein gutes Verhältnis zur Firma Fugger längst nicht mehr verzichten und war immer wieder ihr Gast in Augsburg.

1562 grassierte in München eine böse Epidemie. Um den Erbprinzen Wilhelm und den jüngeren Ferdinand vor den Gefahren einer Ansteckung zu schützen, boten Marx und Hans Fugger im August dem besorgten Vater Herzog Albrecht an, die Knaben in ihrem Schloss Schmiechen zu beherbergen, das weitab von städtischer Enge und ihren tückischen Krankheitsherden südöstlich von Augsburg lag. Die 14 und 12 Jahre alten Prinzen kamen mit ihren Hauslehrern und kleinem Gefolge. Marx und Hans Fugger suchten Schmiechen für gewöhnlich vor allem zur Zeit der Jagd und in den Ferien auf. Das gefiel auch den beiden Prinzen gut – so gut, dass ihnen väterlicherseits eines Tages sogar verboten wurde, während den Mahlzeiten von Jagd, Pferden oder Hunden zu sprechen. Ihr generöser Gastgeber Marx Fugger sandte ihnen zu Beginn des Winters zwei Schlitten mit allem Zubehör hinaus nach Schmiechen, was sie in Anbetracht der dort ansonsten geringen Möglichkeiten zu Zerstreuung und Kurzweil gewiss zu schätzen wussten.

Immerhin blieben die Prinzen bis Ende April 1563 im Fuggerschen Schloss und teilten in dieser Zeit mit ihren Gastgebern Marx und Hans Fugger kleine Geselligkeiten wie Musik und Brettspiele. Von Herzog Wilhelm wissen wir, dass er sehr musikalisch war und verschiedene Saiteninstrumente „in tutta perfettione" beherrschte. Die Dankbarkeit, die er über diese Monate auf Schloss Schmiechen empfand, begründete eine lebenslange Verbundenheit, die später zwischen ihm und den Gebrüdern Marx und insbesondere mit Hans Fugger zu einer regen Korrespondenz über 30 Jahre hindurch führte. Letztere dokumentiert ein erstaunlich unkompliziertes Vertrauensverhältnis, wie es zwischen einem Herrscher und einem Mitglied städtischen Bürgertums kaum je zu finden ist: Denn als Bürger fühlte sich Hans Fugger zeitlebens trotz seines Adelstitels. Und wann immer des Herzogs Weg in die Freie Reichsstadt führte, luden ihn die Gebrüder Fugger zu Gast in ihr Haus am Weinmarkt oder in einen ihrer Gärten.

Gelegentlich waren auch sie – abseits standespolitischer Protokollarien – zur Jagd ins herzogliche Schloss nach Starnberg oder auf Schloss Friedberg geladen. Dort verbrachte des Herzogs Schwiegermutter, die kultivierte und lebenslustige Christina von Lothringen, ihren Lebensabend. Sie pflegte ihrerseits engen Kontakt zu den Gebrüdern Marx und Hans Fugger und wandte sich an sie wegen Wareneinkäufen und allem, was sich in Augsburg leichter besorgen ließ. 1569 wurden sie beispielsweise beauftragt, eine Gruppe von Gauklern zu organisieren. Für deren artistische Übungen ließ Hans Fugger ein hölzernes Pferd herstellen, das sie zur Fastnacht auf Schloss Friedberg als Sprunggerät benutzten und mit dessen Hilfe sie zur Belustigung der Gästeschar vielerlei andere Künste zeigten.

Zu Gast im Hause Fugger

1518 traf Martin Luther in den Augsburger Fuggerhäusern auf den päpstlichen Legaten Cajetano. Danach floh der Reformator in der Nacht heimlich aus Augsburg.

Kirchliche Würdenträger

Kirchliche Würdenträger

Als der päpstliche Legat Cajetano 1518 während des Reichstags im Hause Jakob Fuggers zu Gast weilte, traf er sich mit dem Ingolstädter Professor der Theologie, Dr. Johannes Eck. An drei Tagen – vom 12. bis 14. Oktober – war auch Martin Luther (gerade ein Jahr nach seinem berühmten Thesenanschlag an der Wittenberger Schlosskirche) dazugestoßen, um dort mit den beiden eine gemeinsame Unterredung zu führen. Die Herren hofften, auf den streitbaren Reformator mäßigend einwirken zu können, aber das Gegenteil war der Fall: Die Auseinandersetzung verlief, nach Luthers eigenem Bekunden, in heftiger Lautstärke. Cajetano entließ ihn schließlich auf lateinisch mit den Worten „Geh und komme mir nicht mehr unter die Augen, wenn du nicht widerrufen willst". Was Luther in der Tat nicht wollte.

Die Konsequenz und Unerbittlichkeit, mit der er seine Thesen formulierte und beharrlich verteidigte, brüskierten nicht nur die Autorität des Papstes und der gesamten katholischen Hierarchie, sondern gleichermaßen die des Kaisers des Heiligen Römischen Reiches. Zudem rüttelten seine Ideen heftig an der bestehenden sozialen Ordnung und trugen in den Augen dieser Obrigkeiten gefährlichen Zündstoff in das gesellschaftliche Miteinander. Denn ihre Brisanz beschränkte sich nicht auf religiöse Fragen, sondern rührte auch an das Verhältnis zwischen Arm und Reich. Luthers Diktum über Jakob Fugger machte die Runde: „Wie sollte das immer mögen göttlich und gerecht zugehen, daß ein Mann in so kurzer Zeit so reich werde, dass er Könige und Kayser auskaufen möchte?" Solche Sätze wären allerdings starker Tobak im Hause des Gastgebers Jakob Fugger, sodass manche Historiker das verbürgte Treffen der drei Herren auf die bischöfliche Pfalz verlegen möchten. Doch hat Luther sich je gescheut, seine Überzeugungen stets und überall vernehmlich auszusprechen?

1531 pries einer der bedeutendsten deutschen Humanisten und Theologen, Beatus Rhenanus, in einem Brief an den Leib-

Im Oktober 1518 waren die Fuggerhäuser Schauplatz eines prominenten Disputs zwischen Martin Luther, dem päpstlichen Legaten Cajetano sowie dem Theologieprofessor Dr. Johannes Eck.

arzt des Mainzer Erzbischofs Puchaimer die Pracht der Fuggerhäuser, als wollte er ihn damit zu einer Reise nach Augsburg animieren: Es seien die Gewölbesäulen aus Marmor und nach antikem Vorbild verziert. Tief beeindruckt zeigte er sich vom Schmuck der Zimmer und Hallen. Am meisten hatte es ihm das prächtige Bett im Schlafzimmer Anton Fuggers mit seiner vergoldeten Zimmerdecke angetan. Aufgrund welchen Verdienstes mag ihm wohl die Ehre zuteil geworden sein, dieses intime Gemach besichtigen zu dürfen, von dem kein anderer Gast oder Reisender je berichtet hatte? Trotz seines Reichtums, betonte Rhenanus in seinem Brief, pflege Anton Fugger eine bürgerliche Lebenshaltung und fröne keinem übertriebenen Luxus. Von Raymund Fuggers in der Kleesattlergasse befindlichem Anwesen rühmte Rhenanus dessen Garten, Pergolen, Brunnen und Figuren und bewertete sie höher als jene, die er in den königlichen Gärten von Tours und Blois gesehen hatte.

Die Gärten scheinen es gerade dem Klerus besonders angetan zu haben, traf doch am 19. April 1574 der päpstliche Nuntius Bartholomäus Graf von Portia in Augsburg ein. Er bevorzugte es, sich „über Jahr und Tag in dem Fuggerischen Garten bey dem Holblater Thor" aufzuhalten. Damit ist erwiesen, dass diese Gartenpavillons der Fugger feste Gebäude mit einigem Komfort gewesen sein müssen, sonst hätte der italienische Herr als Unterkunft gewiss das gut beheizte Fuggerpalais in der Stadt bevorzugt. Aprilwetter war auch damals schon launisch.

Zu Gast im Hause Fugger

Die Hochzeiten

Vermutlich ein Hochzeitsbild zu Ehren Anton Fuggers d. J. und seiner Ehefrau Barbara Montfort (linker Bildrand, Mitte) ist dieses um 1600 entstandene Gemälde, das einen Geschlechtertanz zeigt.

Die Hochzeiten

Bisher standen vor allem die offiziellen Gastlichkeiten der Familie Fugger im Vordergrund. Bei regierenden oder anderen hochstehenden Herrschaften galten sie als unentbehrliche Gastgeber und ihr Haus als das repräsentativste Quartier der Stadt Augsburg. Im Folgenden geht es um jene Gastlichkeit, deren Anlass privater, familieninterner Natur war. Davon ist leider nur ein kleiner Teil der Nachwelt überliefert, in erster Linie die Hochzeiten. Gehören sie auch zu den Familienfesten, spiegelte sich in ihnen doch deutlich die im Laufe der Zeiten sich wandelnde soziale Stellung der Fugger. Je weiter sie aufstiegen, desto aufsehenerregender feierten sie ihre Hochzeiten.

Der Rat der Stadt Augsburg, dessen Mitglieder sich durchwegs aus den höheren Ständen zusammensetzten, beobachtete schon im 14. Jahrhundert mit Sorge den zunehmend um sich greifenden Luxus, der insbesondere bei Hochzeitsfesten vor aller Augen stattfand. Vor allem die Extravaganz der Kleidung und die große Zahl von Gästen bei den vielen Festmählern war ihm ein Dorn im Auge. Manche Gastgeber überschätzten ihre finanziellen Möglichkeiten und verschuldeten sich in unverantwortlicher Weise. Schließlich gab der Rat 1532 erstmals eine neunseitige, gedruckte Verordnung „die hochzeit betreffend" heraus. Es sollten fortan bei den Festessen nur solche Personen eingeladen werden, die mit Braut und Bräutigam in verwandtschaftlicher Beziehung standen.

Dies jedoch gab offenbar Anlass für heftige Proteste, denn schon wenig später musste man die Formulierung auf „weitläufige Verwandtschaft" ausdehnen. Da doch gerade die Anzahl der bewirteten Gäste geeignet war, den sozialen Status zu erhöhen, empfanden zumal die reichen Familien jede Einschränkung in diesem Bereich als bitter. Man suchte sie sogleich zu umgehen, indem man möglichst zahlreich zum Kirchgang lud. Diesen zahlenmäßig zu beschränken, konnte die Obrigkeit sich nicht erlauben. Doch die anschließenden Umzüge, die Überreichung reich geschmückter Kränze an deren Teilnehmer, die Gelegenheiten zu Umtrünken und Tanzvergnügungen weichen die gut gemeinten städtischen Verordnungen schnell wieder auf. Auch dass die Gänge eines Hochzeitsmahles auf vier, darunter nur ein Fischgericht, beschränkt werden sollten, dürfte nicht allzu lange praktiziert worden sein. Der Brauch von mehrtägigen Feierlichkeiten, bei denen ein Ereignis auf das andere folgte, war schon deshalb nur schwer zu unterbinden, weil die meisten Gäste eine lange, oft beschwerliche Anreise hinter sich hatten. So war ihnen kaum zuzumuten, dass sie sich gleich wieder auf den Rückweg machten.

Vergebens versuchte der Rat, zeitweise auch die Hochzeitsgeschenke reicher Familien, häufig größere Summen baren Geldes, aber auch wertvolle Gold- und Silbergefäße oder kostbare Stoffe, ihrem Wert nach zu beschränken. Ob die Grundanliegen dieser städtischen Verordnung, die 1536 und 1540 nochmals verschärft werden musste, tatsächlich respektiert wurden, darf bezweifelt werden. Aber sie beweisen, dass die allzu offen zur Schau getragene Prachtentfaltung geeignet war, Unruhe zu stiften. Gegen Zahlung einer Strafe im Vorhinein, die zunehmend Usus wurde, sicherten sich die Wohlhabenden in der Stadt die Möglichkeit, nach ihrem Gusto zu feiern, während sich der Rat diese „Luxussteuer" schließlich als willkommene Einnahme gefallen ließ. Immerhin ließ sich damit an anderer Stelle Gutes tun, um den nötigen Ausgleich zu schaffen.

So weit überliefert, gehörten die Fuggerschen Hochzeiten zu den Höhepunkten für die Familie und ihr gesellschaftliches Umfeld, die auch über die Stadt hinaus Resonanz fanden. Seit ihrer Ansiedelung in Augsburg 1367 hatten sich die Fugger Schritt für Schritt von der Barchentweberei in die vermögende Kaufmannschaft der Stadt und weiter zügig an deren Spitze gearbeitet. Ihr Bedürfnis, diesen Aufstieg auch nach außen hin sichtbar werden zu lassen, muss sich von einer Generation zur nächsten verstärkt haben. Geld allein bedeutete noch keine sozial herausgehobene Stellung. Die kaufmännische Oberschicht strebte zunehmend auch in die wichtigsten politischen Ämter der Stadt, die einerseits den Zünften, andererseits einigen wenigen alteingesessenen Patrizierfamilien vorbehalten waren. Der Zugang zur „Herrentrinkstube" konnte, wenn nicht über Geburt, nur durch entsprechende Heirat erlangt werden. Nur so gelangte man ins „wirtschaftliche Kommunikationszentrum" der reichen Kaufmannschaft – und wer auf sich hielt, konnte darauf nicht verzichten. Der soziale und gesellschaftliche Aufstieg, das wachsende Ansehen der Fugger in ihrer Stadt verlief demnach keineswegs parallel zu ihrem wirtschaftlichen Aufstieg und musste immer wieder erkämpft werden.

Die Verführung, auf andere Art auf sich aufmerksam zu machen, war entsprechend groß. So berichtete der Chronist Wilhelm Rem von Ulrich Fuggers II. Hochzeit mit Veronika Gassner, die am Sankt-Martins-Tag 1516 stattfand, dass der Bräutigam seiner Braut Kleider und Schmuck im Wert von 3000 Gulden geschenkt habe – um 600 Gulden kauften die Fugger zwei Jahre zuvor einen ganzen Hof in Nordendorf. Doch damit noch nicht genug: Dazu gab Ulrich an Freunde und Diener um weitere 3000 Gulden „seidin Gwand, Sammet und Attlas und sunst Klaider". Das wird man so verstehen dürfen, dass auch die Hochzeitsgesellschaft kostbar und nach neuester Mode ausgestattet wurde, um für jedermann sichtbar Staat zu machen. Denen, die dabei sein durften, wurde so das Gefühl vermittelt, sie seien Zeugen eines ganz besonderen Ereignisses gewesen.

Tatsächlich scheinen Ulrichs Ausgaben die beabsichtigte Wirkung nicht verfehlt zu haben, schließt der Chronist doch mit dem Urteil, dass alles in allem „große Hoffart" betrieben wurde und endet mit der Befürchtung, dass es noch ein böses Ende nehmen könnte. Im Ehrenbuch der Fugger, einer Art Familienstammbuch, angelegt ab dem Jahr 1543, ist das Paar tatsächlich besonders kostbar gekleidet abgebildet. Unter der üblichen schwarzen Samtkappe trägt der Bräutigam noch eine goldene Netzhaube und wendet sich mit einer schweren Goldkette an seine in leuchtendes Rot gekleidete Frau, die nicht nur eine goldene Haube, sondern auch einen goldenen Brustlatz vor dem Mieder trägt.

Mit ungewöhnlich hohen Mitgiftzahlungen – man spricht von Summen, die das Übliche um das Zehnfache überstiegen – wurden in diesen Jahren des Aufstiegs die Töchter des älteren Ulrich Fugger verheiratet: Ursula 1503 mit Philipp Freiherr von Stain zu Jettingen und Sibylla 1512 mit Markus Freiherr von Bubenhofen. Beide Bräutigame entstammten alten Rittergeschlechtern. Solche ehelichen Verbindungen sollten auf ihre Weise zur dauerhaften Mehrung des gesellschaftlichen Ansehens der Fugger beitragen und ihre neue Zugehörigkeit zu einer Gesellschaftsschicht jenseits der einst bürgerlichen Abstammung etablieren. Ebenso versuchten die Fugger, Familien von geschäftlichen Konkurrenten durch Einheirat an sich zu binden, wie es beispielsweise 1512 zwischen Regina Fugger und dem Montanunternehmer Hans Paumgartner geschah. Der stieg seinerseits, nachdem er 1535 die Herrschaft Hohenschwangau erworben hatte, auf der sozialen Leiter um einige Stufen nach oben, als er 1543 von Kaiser Karl V. in den Freiherrnstand erhoben wurde.

Wiederholte Male ging die Gastlichkeit der Fugger so weit, dass sie auswärtigen Würdenträgern für wichtige Anlässe sogar ihr eigenes Haus zur Verfügung stellten. So beging beispielsweise am 25. August 1518 der Markgraf Kasimir von Brandenburg einen Teil seiner Hochzeitsfeierlichkeiten mit Susanna, der Tochter des Bayernherzogs Albrecht IV. („der Weise" genannt), im Fuggerhaus. Durch ein solches Ereignis ließ sich, gerade in den Jahren ihres sozialen Aufstiegs, das Prestige der Familie in Stadt und Land mehren, ihr sorgsam gepflegtes Beziehungsnetz festigen und weiter ausbauen. Dem Markgrafen seinerseits stand damit für sein Fest der sicherlich luxuriöseste Rahmen zur Verfügung, der in der Stadt Augsburg damals zu finden war, sodass er ihn für sich als den würdigsten erachten konnte. Diese Hochzeit eines nicht zur Familie gehörigen Mitglieds höherer Stände blieb kein singulärer Fall. 1578 wohnte der kaiserliche Vizekanzler Dr. Sigmund Viehauser nicht nur mehrere Wochen im Hause Hans Fuggers, sondern feierte dort auch noch seine Hochzeit, nachdem er sich mit einer „tugendsamen und frommen Jungfrau" aus einem Augsburger Bürgergeschlecht eingelassen hatte. Wahrscheinlich richtete Hans Fugger nicht allein das

Hochzeitsfest aus, sondern hatte auch beim Zustandekommen dieser Verbindung die Hand im Spiel, denn mehrfach beteuerte er in seinen Briefen, dass er sich gerne als „Kuppler" betätige.

Am 4. März 1527 beging der große Kaufherr Anton Fugger seine Trauung mit Anna, der Tochter des Patriziers und Ratsherrn Hans Rehlinger, „ganz kostlich und ehrlich" im Augsburger Dom. 28 Sänger gestalteten die kirchliche Feier. Eine eindrucksvolle Schar an Gästen war der Einladung gefolgt, was beweist, wie sehr der gesellschaftliche Aufstieg der Fugger vorangeschritten war, obwohl sie damals noch immer nicht zum Patriziat der Freien Reichsstadt Augsburg gehörten. Denn wie der Chronist berichtet, „sind alle Ding andechtig, herlich und kostlich zugangen und haben die Kinig, Fürsten und Herrn ir(e) Botschaft(er) mit groser Verehrung (Geschenke) auff die Hochzeit geschickt, im vil Glicks und Hails und Erben mit Freiden gewinst (gewünscht), desgleichen auch vil Prelaten, ain grose Anzall des Adels und Burgerschafft, da ist jedermann fürstlich gehalten worden, und darneben der Armen auch nit vergessen worden".

Es gehörte zu den Merkwürdigkeiten des 15. und 16. Jahrhunderts, dass das mittelalterliche Ritterspiel – das Turnier – zu den beliebtesten Spielen der adeligen und inzwischen sogar der stadtbürgerlichen Gesellschaft aufgestiegen war. Denn als kriegerische Ertüchtigungsübung hatte es seinen Sinn längst eingebüßt und Ritter gab es keine mehr. Hingegen praktizierte man es auf reichen Hochzeiten nach wie vor und in voller Rüstung als Spiel. Gerade weil das Turnier als ursprünglich rein adeliges Privileg seine Funktion verloren hatte, konnten nun auch „neureiche" Bürger ihr Geschick darin beweisen, vor allem, wenn sie unter sich waren. Bei Hof galten sie nach wie vor als nicht „turnierfähig". So wollte sich Hans Fuggers nicht sonderlich begüterter Schwager, der Freiherr Burkhard Nothafft von Weißenstein, bei ihm ein anständiges Turnierpferd ausleihen, das er selbst offenbar in der erwünschten Qualität nicht besaß, um sich bei der Hochzeit Herzog Wilhelms von Bayern 1568 in München nicht zu blamieren. Doch Fugger, den mit dem Herzog eine väterliche Freundschaft verband, war hierzu nicht geladen, denn er galt für eine solche Feier als nicht standesgemäß, da nützten ihm all seine herrlichen Pferde im Stall nichts.

Einige Jahre zuvor, als sich Katharina, die älteste Tochter von Anton Fugger, im Januar 1553 mit dem steirischen Grafen Jakob von Montfort vermählte, hatte ihre Familie ein großes Ritterspiel veranstaltet, an dem ihre beiden ältesten Brüder Marx und Hans sowie ihr Vetter Raymund äußerst erfolgreich teilnahmen. Außerdem wagten es auch zwei Mitglieder der Familie Welser und natürlich die adeligen Gäste, wie die Herrn von Windischgrätz, Spaur und Orttenburg, die zur Verwandtschaft des Bräutigams zählten. Die „Dillen", also die bahnbegrenzende Holzbarriere für das „Gestech", wurden auf dem Weinmarkt direkt vor den Fuggerhäusern aufgebaut. So konnten die Damen und andere nicht am Turnier beteiligten Hochzeitsgäste aus den Zimmern des Hauses bequem zusehen. Der Maler Hans Burgkmair erhielt anschließend den Auftrag, ein Turnierbüchlein zu aquarellieren, das die mutigen Ritter in genau wiedergegebenen Rüstungen – mit zerbrechenden Lanzen auf farbenfroh geschmückten Pferden – für die Nachwelt überliefert.

Welche Kulinaria für eine große Fuggersche Hochzeit aufgetischt wurden, vermittelt uns besonders detailliert die Weißenhorner Chronik anlässlich der Vermählung des Johann Jakob Freiherrn von Mörsperg mit Regina Fugger, die im Juni 1538 im Fuggerschloss zu Weißenhorn gefeiert wurde. Es begann damit, dass die Kapazität der eigentlichen Schlossküche für eine solche Veranstaltung nicht ausreichte, sodass man zunächst vor dem „Kastenhaus" eine provisorische Küche mit immerhin drei Ein- und Ausgängen aufrichten musste. Schon zehn Tage zuvor reisten „etlich Köch" an, um die nötigen Vorbereitungen zu treffen. Allein sechs Zentner Fische wie Aale, Forellen, Lachse, Welse, Brachsen wurden aus Augsburg, Füssen, Donauwörth und Ulm sowie Flusskrebse aus der Altmühl geliefert. Die 16 Stück Wildbret, davon neun Hirsche, dürfte man zum größten Teil aus den familieneigenen Jagdgebieten bezogen haben. Der Chronist berichtet erstaunt über „selzame Basteten" von Wildbret und

Fisch, wie sie in den Küchen des einfachen Volkes ganz unbekannt waren. Die meisten der servierten Fleischgerichte bestanden jedoch aus Geflügel, die auch als Grundlage für allerlei Suppen dienten. Die Rede ist von 608 Kapaunen und 250 Hennen, die aus dem Herzogtum Bayern kamen. Damit nicht genug, besorgte ein „Hennenkäufer" aus Ersingen noch 1800 Hühner zu drei Kreuzern das Stück – angesichts der Menge sicherlich ein Sonderpreis. Um Versorgungsengpässe für die einheimische Bevölkerung zu vermeiden, schien man darauf zu achten, weiträumig einzukaufen.

Sowohl im Schloss als auch „in dem newen Haus am Marckt" servierte man zur eigentlichen Hochzeitsfeier zweimal am späten Vormittag und einmal des Abends jeweils volle Mahlzeiten mit zahlreichen Gängen „und allweg zuletztst ain Essen Kreps" auf allen Tischen. Dazu gab es schon am Morgen „guten Wein mit seiner Zugeherung und auf die Nacht ayn Schlaftrunck", der nach Mitternacht noch „mit grosser Pomp" aufgetragen wurde, nämlich erneut mit Fisch, Pasteten und raren Beilagen aus fernen Ländern. An Wein reichte man Malvasier, rote und weiße Weine von Rhein und Neckar und Rosatzer, aber es gab auch Weißbier aus Einbeck.

Ausdrücklich vermerkt der Chronist, dass die zahlreich anwesenden Knechte, die sich um die Pferde zu kümmern hatten, an Weinen bekamen, was immer sie begehrten; auch, dass eine große Menge Hafer verfüttert wurde und schließlich, dass es während der Festtage keinerlei Raufereien oder Zwistigkeiten gegeben habe und dass die Gäste am liebsten bis um 10, 11 oder 12 Uhr Mitternacht getanzt hätten. Kein Wunder, wird doch von der Anwesenheit vieler schöner Damen berichtet, die „treffenlich von Leibgestalt, von edlem Gestain, Gold, Silber und Claydung gewesen" und natürlich einer „köstlichen Musica". Pfalzgraf Friedrich und Herzog Ottheinrich hatten es sich nicht nehmen lassen, jeweils einen ihrer Posaunisten zu schicken und die Stadt Augsburg ihre Stadtpfeifer, die als die berühmtesten gelobt wurden, „die in deutschen Landen hätten gefunden mögen werden".

Im November des Jahres 1579 feierte das Haus Fugger eine Doppelhochzeit, was sich für Gastgeber und Gäste als Vorteil erwies. Der Vater der beiden Bräute, Hans Fugger, halbierte damit die traditionell üppigen Bewirtungskosten und die Gäste mussten die für viele weiten, beschwerlichen Anreisen über Land nur einmal auf sich nehmen. Maria Jakobe heiratete ihren Vetter Octavian Secundus Fugger und ihre Schwester Anna Maria den schwäbischen Freiherrn Philipp von Rechberg. Dabei sei es „ungemein prächtig zugegangen, dann es hielten nicht nur beyde Bräutigame in Begleitung 548 Gäste und Bedienter einen sehenswürdigen Einritt, sondern sie bewirtheten auch ihre Gäste 4 Tag lang, an deren jedem 200 Speisen aufgetragen worden, auf das herrlichste". Das Hochzeitsfest des jüngeren Anton Fugger mit Barbara von Montfort, das vom 24. bis 28. Februar 1591 stattfand, markierte in seiner Pracht gewissermaßen einen Höhepunkt. Mit mehr als 700 Pferden und etlichen sechsspännigen Kutschen holte der Bräutigam seine Braut ein. Am folgenden Tag begaben sich beide zur Einsegnung nach St. Moritz, wofür die Straße von den Fuggerhäusern bis zur Kirche mit Brettern bedeckt worden war, um die feinen Gewänder nicht dem Schmutz der Straße auszusetzen.

Für die angesetzten Ritterspiele „zu Pferd und zu Fuß" auf dem Weinmarkt bestreute man dessen Boden ganz mit Sand und zu guter Letzt ließ Christoph Fugger seinem Vetter zu Ehren „einen von Leinwand zugerichteten ziemlich hohen Berg, so den Parnassus vorgestellet, und auf welchem Musicanten waren, durch besondere Materien auf dem Wein-Marckt herum führen. So wurde auch eben daselbst ein Schloß von Brettern aufgeführt, von selbigem aus kleinen Stucken (Kanonen) Freuden-Schüsse gethan, und endlich das Schloß angezündet." Als am Ende nochmals ein Ritterspiel stattfand, und „nachdeme alle diese Tage hindurch kostbare Mahlzeiten gehalten, und auf dem Tantz-Hauß getantzet worden", schien dem Vater des Bräutigams, Marx Fugger, der Zeitpunkt gekommen, über all die zur Schau gestellte Pracht neu nachzudenken. Er setzte fest, dass solche Übertreibungen in Zukunft zu unterlassen seien, befürchtete er doch mehr Schaden statt Nutzen für den Ruf der Familie.

Zu Gast im Hause Fugger

Die Künstler

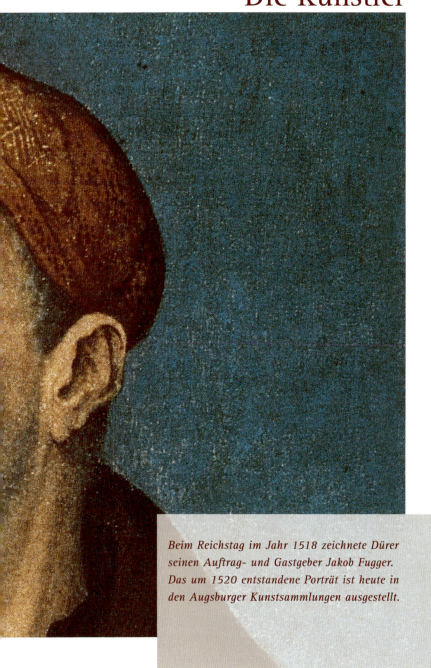

Beim Reichstag im Jahr 1518 zeichnete Dürer seinen Auftrag- und Gastgeber Jakob Fugger. Das um 1520 entstandene Porträt ist heute in den Augsburger Kunstsammlungen ausgestellt.

Die Künstler

Sieht man von den kaiserlichen Besuchen im Hause Fugger einmal ab, sind jene Gäste, deren Namen man bis heute kennt, am ehesten unter den Künstlern zu suchen. Namen wie die des Nürnberger Malers Albrecht Dürer und des großen Venezianers Tizian, um die beiden berühmtesten aus dem Bereich der bildenden Künste zu nennen. Dazu kamen einige der hervorragendsten Musiker und Komponisten vom 16. bis ins 18. Jahrhundert, denn die Fugger liebten es, ihre Gäste mit Musik zu unterhalten.

Dürers Porträt, das er von Jakob Fugger dem Reichen schuf, gingen eine Reihe persönlicher Begegnungen voraus. Die erste muss im Spätsommer 1505 stattgefunden haben, als der Meister auf dem Weg nach Venedig war. Der Überlieferung nach hatte er damals drei fast lebensgroße Zeichnungen der drei Brüder Georg, Ulrich I. und Jakob Fugger „dem Reichen" verfertigt, die leider nicht mehr vorhanden sind. Gleichzeitig erteilten die drei damals dem berühmten Maler mit großer Wahrscheinlichkeit den Auftrag, einen Entwurf für ihre bei St. Anna geplante Kapelle zu liefern. Das war sehr ungewöhnlich, denn bis dahin war Dürer nie als Architekt hervorgetreten. Auf der unmittelbar folgenden Reise nach Venedig ließ er sich zu einer Ideenskizze inspirieren, die stark von der Architektur und Ausstattungskunst der Lagunenstadt geprägt war.

Nicht umsonst wird der Raum der Fuggerkapelle bei St. Anna als erste Manifestation italienischer Renaissance nördlich der Alpen gerühmt, auch wenn der nicht überlieferte Baumeister Dürers Ideen etwas abgewandelt haben mag. Wiederholt bezeugte Albrecht Dürer, wie sehr ihn Italien beeindruckt und was ihm die Begegnungen mit den dortigen Künsten und Künstlern bedeutet hatten.

Der eigentliche Anlass für seine Venedigreise war ein Auftrag der dort tätigen deutschen Kaufleute. Sie stifteten damals einen Altar in der von ihnen vorzugsweise besuchten Kirche San Bar-

In Venedig waren die Fugger seit 1474 vertreten. Albrecht Dürer schuf in der Lagunenstadt – wohl im Auftrag der Fugger – 1506 für die Kirche der deutschen Kaufleute das „Rosenkranzfest".

tolomeo. Die Gebrüder Fugger dürften auch hierbei ein maßgebliches Wort mitzureden gehabt haben, wenn nicht überhaupt die Initiative, das Bild von Dürer malen zu lassen, auf sie zurückging. Dafür spricht, dass der Künstler seine Reise in Augsburg begonnen hatte, um sich womöglich noch entsprechende letzte Instruktionen zu holen. Die Beziehungen der Fugger zu Venedig reichten in die 1470er Jahre zurück. 1484 bezogen sie eines der größten Kontore im sogenannten „Fondaco dei Tedeschi", dem deutschen Handelshaus an der Rialtobrücke.

1486 ist im Zusammenhang mit ihrer dortigen Tätigkeit erstmals von der „Bank des Ulrich Fugker" die Rede. Ulrichs jüngerer Bruder Georg kannte Dürer – damals noch ein Jüngling, der aber mit seiner Mal- und Zeichenkunst bereits Furore gemacht hatte – schon aus der Zeit, als er in Nürnberg die Fuggersche Geschäftsstelle leitete. Das schließlich für San Bartolomeo geschaffene Altarbild ging als sogenanntes „Rosenkranzfest" in die Kunstgeschichte ein. Es befindet sich heute, nachdem es im 17. Jahrhundert an Kaiser Rudolf II. verkauft worden war, in der Prager Nationalgalerie.

Um 1518/20 ließ sich Jakob Fugger von Dürer porträtieren und es ist gewiss kein Zufall, dass sich der berühmteste Kaufmann seiner Epoche hierfür den berühmtesten deutschen Maler ins Haus holte. Dürer reiste also erneut nach Augsburg, um sein

Modell in dessen unmittelbarer Umgebung zu beobachten – vermutlich erstmals beim Reichstag 1518. Eine Zeitlang wird der sonst umtriebige Jakob Fugger vor Dürer still gesessen haben müssen. Worüber sie dabei wohl sprachen? Beide hatten einige Zeit in Italien verbracht, dessen Kultur und Lebensstil ihnen nahe war, insbesondere Venedig.

Gewiss tauschten sie persönliche Erinnerungen aus. Jakob hatte dort eine für ihn wichtige Lehrzeit verbracht. Dürer fühlte sich in Italien „als Herr" behandelt, während Künstler in Deutschland „nur" als Handwerker galten. Der in allen Dingen des Lebens scharfsinnig beobachtende Jakob Fugger glaubte fest daran, dass die Werke der größten Künstler ihre Zeit überdauerten. Und so vertraute er darauf, dass – neben allem mit seinem Namen verbundenen – sein Dürer-Bildnis mit Sicherheit dazu gehören würde. Damit sollte er Recht behalten.

Der in Venedig arbeitende Maler Tizian wurde von Kaiser Karl V. nach Augsburg berufen, um ihn anlässlich des dort 1548 stattfindenden Reichstages zu porträtieren. Nach dem siegreich beendeten Krieg gegen die Protestanten des Schmalkaldischen Bundes stand er im Zenit seines Ruhmes. So war Karls Wahl nicht ohne Grund auf den wohl berühmtesten Künstler seiner Epoche gefallen. Der viel beschäftigte, 60-jährige Tizian erteilte dem Papst, der ihm ebenfalls für ein Porträt sitzen wollte, eine Absage und traf im Januar 1548 in Augsburg ein, wo er bis zum 16. September blieb. Er musste sich allerdings bis April gedulden, bis ihn Karl V. zum ersten Mal persönlich empfangen konnte, hatte dieser doch den ganzen Winter über gegen heftige Gichtanfälle zu kämpfen. Wie der venezianische Gesandte berichtete, lebte der Kaiser „in einer Art Ofen, in dem es niemand außer im selbst aushalten konnte".

Die Hausdiener der Fugger mussten ihm demnach kräftig eingeheizt haben, um Karls ärgste Schmerzen zu lindern. Zunächst musste Tizian die Zeit also nutzen, um des Kaisers Schwester, Königin Maria von Ungarn, seinen Bruder, König Ferdinand, und auf kaiserliches Geheiß übrigens auch den gefangenen

Die Künstler

Das Porträt des sitzenden Kaisers Karl V. hat Tizian vermutlich 1548 während des „Geharnischten Reichstags" in Augsburg in den Fuggerhäusern gemalt. Es befindet sich heute in der Münchner Alten Pinakothek.

Johann Friedrich von Sachsen zu malen. Das Porträt eines Fuggers ist nicht überliefert. Es wäre aus Standesgründen wohl auch übel vermerkt worden, den kaiserlichen Porträtisten gleichzeitig zu beanspruchen.

Auf dem großformatigen Porträt, das sich heute in der Alten Pinakothek in München befindet, sitzt Karl V. in schlichter Kleidung und mit ruhigem Blick im Lehnstuhl vor einem Fenster, das den Blick auf eine abendliche Landschaft freigibt. Attribute von Macht oder repräsentativem Glanz sucht man auf dem Gemälde vergebens. Es wäre zu rätseln, ob der Stuhl Bestandteil jenes kostbaren Fuggerschen Mobiliars aus dem kaiserlichen Palatium war, das Karl V. während des Reichstags 1547/48 bewohnte. Die Wahrscheinlichkeit ist in der Tat groß, dass Tizian diesen Stuhl nicht frei erfunden hat, schließt dessen Lehne oben doch mit einem aus Holz geschnitzten Pyr ab, dem Motiv des Augsburger Stadtwappens. Auch die im Hintergrund sichtbare Tapete könnte authentisch sein, denn wir wissen, dass die Fugger jahrelang Ledertapeten mit aufwendigen, teils sogar vergoldeten Prägemustern aus Venedig importierten, um damit ihre Wohnräume auszustatten. Für Tizian gaben sie eine dem Kaiser würdige Staffage ab – für diese Zeit höchst luxuriös und nach dem neuestem Zeitgeschmack.

Im nachdenklichen Gesichtsausdruck des Münchener Porträts meint man noch etwas von den überstandenen Leiden zu sehen, die der Künstler mit feinem Gespür anzudeuten wusste. Wegen des Zeitdrucks, unter den der Maler wegen der kaiserlichen Gichtattacken geraten war, beschränkte er sich vor allem auf die Ausarbeitung des Gesichts und der Hände, während er die Darstellung des Innenraums und der Landschaft im Hintergrund zum Teil seinem niederländischen Assistenten Lambert Sustris überlassen musste, der ursprünglich sein Schüler gewesen und mit ihm aus Venedig angereist war.

Ebenso berühmt und dem Kaiser selbst wohl noch mehr am Herzen gelegen war jenes Reiterbildnis, das ihn nach der Schlacht bei Mühlberg über das Feld reitend zeigt. Es hängt heute im Prado von Madrid. Erst ein Jahr zuvor hatte Karl V. mit diesem Sieg den Schmalkaldischen Krieg beendet und wollte nun dieses Dokument seiner ruhmreichen Tat möglichst zügig fertiggestellt sehen. Doch als der zeitlebens rastlos in seinem Reich umherreisende Monarch Augsburg im August wieder verließ, stand Tizian noch in voller Arbeit. Dann passierte Mitte September zu allem Überfluss ein Missgeschick: Das zum Trocknen im Freien aufgestellte Gemälde wurde „vom Wind umgeworfen an ain Holz und ist ain gross Loch darein gerissen".

Tizian hatte seine Malutensilien bereits eingepackt und stand unmittelbar vor der Rückreise nach Venedig. Glücklicherweise verunzierte das Malheur keine künstlerisch bedeutsame Stelle, sondern zeigte Folgen nur „hinden im Gaul". Man rief den Maler Christoph Amberger als Retter in der Not, seinerseits der renommierteste Porträtist in Augsburg, der auf einem früheren Reichstag bereits den Kaiser und auch Mitglieder des Hauses Fugger porträtiert hatte. In einem kurz darauf an den kaiserlichen Kanzler Granvella überschickten Schreiben suchte Amberger diesen zu beruhigen: „Also hatt mich Herr Anthon Fugger, auch der Tician selbst gepetten, ich soll darzu helffen, daß der Schaden wiederumb gewen(de)t wurd. Das hab ich nun ganz gern und willig gethan und habens wiederum zusammengeheft, weil der Tician noch dabei gewesen ist."

Noch einmal trafen Tizian und Karl V. in Augsburg zusammen, nämlich beim Reichstag 1550. Diesmal sollte der Meister den Infanten Philipp malen, der mit seinem Vater erneut den gesamten Winter im Hause Fugger verbrachte. So ging auch Tizian dort ein und aus. Da es dem verschlossenen Jüngling, wie übrigens fast allen Habsburgern, an Attributen der Schönheit eher mangelte, brauchte es einen Künstler, der sich auf die Darstellung von Majestät und Würde verstand – was damals Tizian kein anderer beherrschte. Der Kaiser zeigte sich mit dem Porträt hoch zufrieden. Gemeinsam reisten sie noch bis Innsbruck, dann trennten sich ihre Wege. Tizian verließ gerne, wie er über Augsburg schrieb, „diese rauhe Gegend, wo wir alle fast vor Kälte sterben".

Zu allen Zeiten förderten und liebten die Fugger neben den bildenden Künsten auch die Musik. Im Laufe ihrer Familiengeschichte brachten sie es zu einer der größten Musikaliensammlungen Deutschlands, deren größter Teil tragischerweise den Bombenangriffen im Zweiten Weltkrieg zum Opfer fiel. Sie pflegten persönliche Beziehungen zu den berühmtesten Komponisten der Renaissance wie – um nur einige zu nennen – den Niederländern Orlando di Lasso und Philipp de Monte sowie dem Venezianer Giovanni Gabrieli. Zwei aus Nürnberg stammende Musiker, der Lautenist Melchior Neusidler und Hans Leo Hassler, der neben Kirchen- auch die verschiedensten Kammerorgeln virtuos zu spielen wusste, gingen zur Unterhaltung der Gäste im Hause Fugger ein und aus. Da sie dort, im Gegensatz zu so manchem Fürstenhof, stets zuverlässig und reichlich entlohnt wurden, ließen sie es sich nicht nehmen, den Fuggern immer wieder eigene Kompositionen von Madrigalen, Motetten und Canzonen zu widmen.

Vor allem Octavian Secundus Fugger tat sich als unermüdlicher Förderer von Musikern und Komponisten hervor. Von ihm wie auch schon von seinem Vater Georg Fugger ist bekannt, dass beide selbst gerne auf der Laute spielten, die zu den beliebtesten Instrumenten der Zeit gehörte. Auch Hans Fugger erlaubte seinen 1572 in Ingolstadt studierenden Söhnen Marx, Hans und Jakob, dass „sie nach dem Essen uf der Lautten lerneten (zu) schlagen", denn dies werde sie vor allem im Sommer davon abhalten, „umbzulauffen, und sich zu erhizigen". Seine beiden Töchter Maria Jakobe und Anna Maria sollten ebenfalls lernen, zu musizieren. 1575 orderte er für sie in Antwerpen ein Klavichord, wobei er größten Wert auf ein qualitätvolles Instrument legte. Damit tat er nicht nur dem weiblichen Bildungsideal der Zeit Genüge. Im Falle hoher Gäste konnten die jungen Damen auch mit ansprechender Unterhaltung aufwarten.

Der berühmteste Komponist, der je im Hause Fugger ein Konzert gab, war viel später – nämlich 1777 – der 21-jährige Wolfgang Amadeus Mozart. Auf dem Weg nach Paris machte er mit seiner Mutter in Augsburg Station, um die Verwandtschaft väterlicherseits zu besuchen. Außerdem erprobte er beim befreundeten Klavierbauer Johann Andreas Stein erstmals ein Hammerklavier, das ihn überaus begeisterte.

Weniger glücklich verlief eine „offizielle" Begegnung mit Patriziern und Stadtoberen, die ihm vermutlich mit Arroganz und jedenfalls ohne jeden Kunstverstand begegneten, denn er selbst schrieb darüber: „... wenn nicht so ein brafer Herr Vetter und Base und so liebs Bäsle da wäre, so reute es mich so viell als ich Haar im Kopf habe, dass ich nach Augsburg bin". Seinem „Anbandeln" mit der Cousine Maria Anna Thekla, seinem geliebten „Bäsle", schenkte die Nachwelt weit mehr Beachtung als dem Konzert, das er am 22. Oktober 1777 im Russischen Saal der Fuggerhäuser gab.

Am 22. Oktober 1777 hielt Wolfgang Amadé Mozart in den Augsburger Fuggerhäusern ein Konzert.

Darunter befand sich ein, wie die Augsburger „Staats- und Gelehrten Zeitung" anderntags berichtete, „starkes Concert für drey Claviere, wo Herr Demler, Organist in der Domkirche, und Herr Stein selbsten" mit dem Komponisten um die Wette spielten. Der Zeitungsmann äußerte sich über den gesamten Abend voller Begeisterung: „Alles war außerordentlich, geschmackvoll und bewunderswerth. Die Composition gründlich, feurig, mannigfaltig und einfach: die Harmonie so voll, so kräftig, so unerwartet, so erhebend; die Melodie so angenehm, so tändelnd, und alles so neu; der Vortrag auf dem Forte-Piano so nett, so voll Ausdruck, und doch sogleich so außerordentlich geschwinde, dass man kaum wusste, worauf man zuerst merken sollte, und alle Zuhörer zum Entzücken hingerissen wurden. Man sah hier Meisterstücke in den Gedanken, Meisterstücke in dem Vortrag, Meisterstücke in den Instrumenten, alles zusammen vereinigt. Eins erhob immer das andre so sehr, dass die zahlreiche Versammlung über nichts so missvergnügt war, als dass nicht ihr Vergnügen noch länger dauerte..." Man hätte dem großen Mozart solche Kritik wohl öfter gewünscht.

Zu Gast im Hause Fugger

In unmittelbarer Nachbarschaft der Augsburger Fuggerhäuser blühte die erste Tulpe Europas. Auch die Fugger selbst sammelten die damals noch äußerst kostbaren Zwiebelblüher, die aus der Türkei importiert wurden.

Gartenfreunde – Gartenfreuden

Gartenfreunde – Gartenfreuden

Offizielle Gäste, denen die Familie mehr oder weniger verpflichtet war, bildeten die in der Öffentlichkeit wahrgenommene Seite der Fuggerschen Gastlichkeit. Aber natürlich gab es daneben auch viele, von denen das städtische Umfeld kaum oder gar keine Notiz nahm, die jedoch den einzelnen Familienmitgliedern oft viel mehr am Herzen lagen. Denn mit solchen Gästen kamen umso häufiger die persönlichen Interessen und Steckenpferde zum Zuge.

Die Fuggersche Familie brachte in jeder Generation ein oder mehrere Mitglieder hervor, die eine besondere Neigung zur Welt der Botanik zeigten und ihre Gartenanlagen mit Leidenschaft hegen und pflegen ließen. Neben den gärtnerisch gestalteten Höfen ihrer innerstädtischen Wohnhäuser hatten die Fugger schon seit dem späten 15. Jahrhundert immer wieder auch vor den Toren der Stadt liegende Grundstücke mit ländlichen Gebäuden erworben. Jakob Fugger der Reiche kaufte 1505 zwei Häuser mit Garten „vor dem Neidbadtörlein", das am nördlichen Ende des Mittleren Grabens lag. Darin hatte er sich ein „Lusthaus auferbaut, auch viel schöne Wasserwerk darinnen richten lassen". Außerdem ist die Rede davon, dass er „viel schöner Weinreben darein gepflanzt" habe.

Auf Jörg Selds Stadtplan von 1521 ist ein Baumgarten mit drei länglichen Teichen, die vermutlich der Fischzucht dienten, zu sehen. Der kleinteilige Plan erlaubte keine exakte Detaildarstellung, hingegen sind die schriftlichen Quellen um einiges auskunftsfreudiger. Als im Mai 1517 der italienische Kardinal Luigi d'Aragona in Augsburg weilte, wurde er von Jakob Fugger in dessen Garten am Neidbadtörlein eingeladen, was seinen Begleiter Antonio de Beatis zu folgender Schilderung veranlasste: „Die Fugger besitzen einen Garten, der in einer Vorstadt nahe an der Umwallung liegt. Hier befinden sich Brunnen, aus welchen vermittels eines Räderwerkes das Wasser bis in die Zimmer hinauf befördert wird. Hier veranstalteten die Fugger zu Ehren

Gartenfreunde – Gartenfreuden

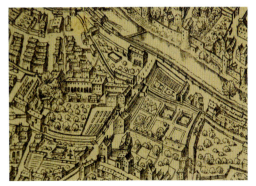

Der um das Jahr 1602 entstandene Stadtplan von Christoph Schißler und Alexander Mair zeigt das Gartengut der Fugger am Neidbadtörlein (beim heutigen „Rößlebad").

des Kardinals einen Ball von sehr schönen Frauen". Da der Kardinal seine Geliebte Tullia in Rom zurücklassen musste, wird ihm Letzteres eine Freude gewesen sein. Anders als die Feste im großen Festsaal des Augsburger Stadthauses gestattete das pavillonartige Gebäude im Garten intimere Einladungen, fern der Blicke neugieriger Stadtbewohner und doch unabhängig von den Launen der Witterung.

In alten Reisebeschreibungen verwundern sich vor allem Besucher aus südlichen Gefilden immer wieder über Augsburgs zahlreiche Brunnen, „die da weder entspringen noch wie sonst wo von weither über Kondukte hergeleitet werden, sondern sie werden von einem am Stadtanfang in einem Turm befindlichen Wasserwerk gespeist, das das Wasser aus einem durch besagten Turm führenden Flusslauf bezieht und mittels Schöpfrädern hochhebt. In unterirdischen Leitungen wird es, wie gesagt, in viele Plätze und Straßen gebracht, wo es ziemlich hoch heraussprudelt. Der Kardinal hat jenen Wasserturm besichtigt und hält ihn für ein großes aber kostspieliges technisches Werk". Im Zusammenhang mit Jakob Fuggers Gartenpavillon ist die Rede von Zimmern mit fließendem Wasser, was den gebürtigen Neapolitaner besonders beeindruckt haben muss. Darin befanden sich offenbar komfortable Räume, in denen Speisen bereitet wurden und vermutlich auch übernachtet werden konnte.

Über diesen ungewöhnlich gut funktionierenden Zugang zur öffentlichen Wasserleitung, die gegen einen jährlichen Obolus

*Friedrich Sustris
stattete Hans Fuggers
Sammlungskabinette
in den Fuggerhäusern,
früher „Badstuben"
genannt, mit reichem
Stuck und Fresken aus.*

an die Stadt auch in Privathäuser abgezweigt wurde, berichtete seinerzeit noch ein weiterer Besucher Augsburgs, der gelehrte Schriftsteller und Philosoph Michel de Montaigne. Dieser französische Edelmann hatte sich früh von seinen Hofämtern zurückgezogen. Wegen eines schmerzhaften Steinleidens begab er sich auf eine Badereise ins toskanische Lucca und reiste zu diesem Zweck vom südwestlichen Frankreich über die Schweiz und Deutschland weiter nach Italien. Für einige Tage machte er 1580 auch in Augsburg Station.

Nachdem er dort im Dom die pompöse Hochzeit des Fuggerschen Geschäftsführers in Venedig, Christoph Ott, mit einem „reichen und hässlichen Bürgermädchen" beobachtet hatte, lud die Hochzeitsgesellschaft den Fremden zum anschließenden Tanz, der ganz ohne Zweifel im Hause Fugger stattfand. „Man tanzte bloß Allemanden, die jeden Augenblick abgebrochen wurden, worauf die Herren die Damen zu ihren Plätzen zurückführten: es waren zwei Reihen mit rotem Tuch ausgeschlagener Bänke an den Seiten des Saales. Nach einer kleinen Erholungspause holten sie sie wieder ab, dabei küssen die Herren ihre eigene Hand, während die Damen dies nicht tun, dann legen sie ihre Hand unter die Achsel der Damen, pressen sie an sich und die seitwärts gewendeten Gesichter nähern sich einander, wobei die rechte Hand der Dame auf der Schulter des Tänzers ruht. So tanzen sie und unterhalten sich, ganz ohne Kopfbedeckung und nicht besonders reich gekleidet".

Bei dieser Gelegenheit zeigte man dem Gast auch zwei Säle im Hause der Fugger, die ihn offensichtlich weit mehr beeindruckten als die Augsburger Tanzsitten. „Der eine ist groß, hoch und mit Marmor ausgelegt; der andere ist niedrig, reich an alten und modernen Medaillons und besitzt am Ende ein kleines Zimmer. Es sind die reichsten Zimmer, die ich je gesehen habe". Montaigne spricht hier zunächst von dem nicht mehr erhaltenen großen Festsaal sowie höchst wahrscheinlich von den sogenannten „Sammlungskabinetten" Hans Fuggers. Diese bestanden aus zwei niedrigen Räumen, ausgestattet mit antiken Kaiserbüsten und nach damals neuester italienischer Manier von Friedrich Sustris gemalten Fresken zwischen üppigen Stuckornamenten.

Da Montaignes eifriges Interesse geweckt war, lud ihn der Hausherr ein, auch „noch andere Häuser der Fugger in anderen Gegenden der Stadt" zu besichtigen. In einem der Gartenlusthäuser, das der Franzose leider genauer zu beschreiben versäumte, erstaunte ihn „eine Uhr, die durch die Bewegung von Wasser, das als Uhrgewicht dient, in Gang gehalten wird". Er lobte die zwei großen gedeckten Fischbehälter, „zwanzig Schritt im Geviert und voll von Fischen", ein ebenso großes Vogelhaus, in dem zahllose Vögel zwischen Tannenbäumen umherflogen, mehrere Springbrunnen und als Besonderheit einen „mit Dielen belegten Raum und durch die Dielen dringen zahlreiche kleine unsichtbare Bronzespitzen: Wenn die Damen sich damit ergötzen, dem Haschen der Fische zuzusehen, wird irgendeine Hemmung frei, und all die Spitzen sprudeln dünne, flinke Strahlen bis zur Manneshöhe und netzen die Unterröcke und Schenkel der Damen".

Montaigne zeigte sich aber auch sehr beeindruckt von den Nutzgärten, wo in einer gedeckten Hütte „Artischocken, Kraut, Lattich, Spinat, Zichorie und andere Pflanzen" gezogen wurden, um sie vor schädlichen Frösten zu schützen. Er bekam darin hundert bereits geerntete, aber frischhaltend verpackte Artischocken zu sehen, die einmal mehr davon Zeugnis geben, mit welchen Mengen die Küche des Hauses Fugger zu wirtschaften hatte. Ob der französische Gast danach nochmals zum Mahle

Auf dem Gemälde eines Festes im Fuggerschen Garten am Gänsbühl ist auch der Gastgeber – Jakob Fugger – zu erkennen.

eingeladen war, verschweigt er leider. Da aber kaum ein anderer Gast je seine Eindrücke so präzise geschildert hat, sollte er hier nicht fehlen.

Schon Jakob Fugger hatte den Rat der Stadt um Erlaubnis gebeten, eiserne Ringe in die an den Garten grenzende Stadtmauer einziehen zu dürfen, damit dort zum Schutz seiner südländischen Pflanzen Planen aufgespannt werden könnten. Mit großem Interesse suchten auch seine Nachfolger nach Raritäten aus der Pflanzenwelt, insbesondere solchen aus südlichen Gefilden. Ob Zierpflanzen fürs Auge oder Nutzpflanzen für die eigene Küche – für beides boten ihre guten internationalen Handelskontakte beste Voraussetzungen. Vor allem mit Neuartigem aus fremden Ländern wollte man Gäste überraschen.

Die Leiter der Fuggerschen Niederlassungen in Italien, auf der Iberischen Halbinsel und in Antwerpen waren gehalten, in den aus der ganzen damaligen Welt einlaufenden Schiffsladungen nach Neuheiten zu fahnden und Kostproben davon nach Augsburg zu schicken. Eine Reihe der in unseren Breiten damals noch nicht heimischen Gewächse wie beispielsweise Kartoffeln und Sonnenblumen kamen auf diese Weise zu uns. Aus Südamerika wurden die ersten Truthühner nach Spanien importiert, die nicht allzu lange danach auch in den Gärten der Fugger nachzuweisen sind. Weit gereiste Besucher, die interessante Waren mitbrachten, waren bei den Fuggern deshalb immer höchst willkommen.

Das in den Gärten tätige Personal wurde mit größter Sorgfalt ausgewählt – es musste Kenntnisse und Erfahrung mitbringen und vor allem auch die Liebe zum Experiment teilen. Einige der Lehrlinge wurden unter beträchtlichen Kosten zur Fortbildung in die damals in der Gartenkunst führenden Niederlande geschickt. So gelang in den Fuggergärten Augsburgs und in den nach und nach erworbenen Landschlössern wie Schmiechen, Kirchheim oder Babenhausen immer wieder die Ansiedelung von südlichen Wein- und Gemüsesorten. Ab Mitte des 16. Jahrhunderts wurden verwandtschaftliche Beziehungen nach Südtirol gerne genutzt, um hochwertige Pfropfreiser für die heimischen Obstbäume zu erhalten, die nach genauester Anweisung beim richtigen Stand des Mondes geschnitten und dann mit Sorgfalt nach Augsburg transportiert werden mussten.

Für die Zucht von Rinderrassen und Geflügel aus fremden Ländern waren – wie in mehreren Fällen nachweisbar – die Frauen der Fugger zuständig, die sich nicht scheuen, Schweizer Milchvieh zu importieren, um es mit heimischem einzukreuzen. Sie experimentierten über Jahre mit italienischen Perl- und Legehühnern, um deren Vorteile gegen die der ihnen bekannten Rassen abzuwägen. Von einem „Zwinger" ist an einer Stelle die Rede, wobei man gerne wüsste, ob dieser identisch war mit jenem Ort, wo die Fugger ihren Tiergarten untergebracht hatten. Nach späterer Überlieferung hielten sie dort nämlich zahme Rehe und Hirsche, die sie ihren auswärtigen Gästen gerne vorführten.

Einer der berühmtesten und gleichzeitig engagiertesten Besucher der Fuggerschen Gärten war Charles de L'Escluse, genannt Clusius. Er war 1526 im damals zu Flandern gehörigen Arras geboren. Nach dem Studium der Rechte an den Universitäten von Gent, Löwen und Marburg ging er 1549 nach Wittenberg, wo er sich dem Freund Luthers, Philipp Melanchthon, anschloss. Er wechselte seine Studienfächer und widmete sich fortan an den Universitäten von Paris und Montpellier der Medizin und Botanik. Zudem lernte er insgesamt acht Sprachen. Der weit gereiste und umfassend gebildete Mann erwarb in

65

Ein zeitgenössischer Kupferstich einer Tulpe aus Carolus Clusius' 1601 in Antwerpen erschienenem Werk „Rariorum plantarum historia".

interessierten Kreisen allmählich einen Ruf hoher Gelehrtheit. Deshalb sah man ihn gerne als Gast bei sich. Spätestens als ihn 1563 sein Weg nach Augsburg führte, machte er die Bekanntschaft der Fugger, möglicherweise war er Marx und Hans Fugger bereits während ihres Studienaufenthalts in Löwen begegnet und sie waren es, die ihn nach Augsburg eingeladen hatten. Denn sie suchten damals für ihren jüngsten Bruder Jakob einen Begleiter für dessen bevorstehende Reise nach Spanien und Portugal. Fest steht, dass sich Clusius ein Jahr nach seinem ersten Besuch in Augsburg mit dem jungen Jakob Fugger und seinem Mitstudenten Thomas Rehlinger auf die Iberische Halbinsel aufmachte. Dem gelehrten Botaniker und Arzt war dies zweifellos eine willkommene Gelegenheit, seinem Forscherdrang zu frönen, führte ihn die Reise doch in eine ihm noch unbekannte Gegend Europas.

Während die jungen Herren sicher gehalten waren, sich vor allem die dort ansässigen Filialen der Fuggerfirma in Almagro und Madrid sowie Lissabon genau anzusehen, interessierte sich Clusius insbesondere für die iberische Flora. Er entdeckte auf dieser zwei Jahre dauernden Reise viele neue Pflanzen, die er auf vorbildliche Weise beschrieb und katalogisierte. 1567 widmete er sein soeben erschienenes Werk „Aromatum et simplicium aliquot medicamentorum apud Indos nascentium historia" Hans Fugger – ein klarer Hinweis darauf, dass Hans innerhalb der Familie zu den großen Gartenkennern und -liebhabern gehörte. 1571 erschien bei Abraham Ortelius in Antwerpen Clusius' Buch „Hispania nova descriptio", dem 1576 die beiden Bände „Rariorum aliquot stirpium per Hispanias observatarum historia. Libris duobus expressa" folgten. Ohne die Bekanntschaft mit den Fuggern, die diese Reise in den Süden finanzierten, wären diese Schriften wohl niemals entstanden. Clusius' Druckwerke wurden unter Freunden der Botanik so berühmt, dass sein Ruf schließlich bis zu Kaiser Maximilian II. drang, der ihn als Verwalter für seine Gärten nach Wien berief. In seiner Eigenschaft als Hofbotaniker legte er von 1573 bis 1576 einen medizinischen Kräutergarten und erstmals sogar ein Alpinum an. Gleichzeitig nützte er den Wiener Aufenthalt zu ausgedehnten Reisen und Wanderungen innerhalb Österreichs, insbesondere im Alpenraum, um auch hier die bis dahin wenig bekannte Flora zu bestimmen und zu katalogisieren.

Allem Anschein nach bestand während Clusius' Zeit am kaiserlichen Hof in Wien seine Verbindung zum Hause Fugger weiter; es darf als sicher gelten, dass er bei seiner Rückreise in die Niederlande wieder im Hause Fugger als Gast weilte. Angeblich standen um 1580 in Hans Fuggers Garten 775 Rosenbüsche. Sein Vetter Georg konnte über Clusius schon 1565 die erste Moschusrose beziehen.

Aus Fuggerscher Korrespondenz überliefert ist, dass der kaiserliche Botschafter in Konstantinopel, David Ungnad von Sonneck, im Rahmen seiner politischen Missionen mehrmals im Hause Fugger zu Gast war. Vieles spricht dafür, dass Clusius dieses Band geknüpft hatte, wissend, dass hier wechselseitige Interessen bestanden. Die Fugger sahen den Botschafter jederzeit gern bei sich in Augsburg, war er doch seinerseits der ideale Ansprechpartner für ihre ausgefallenen Wünsche aus der Welt des Orients. Tatsächlich war Ungnad auch stets willig zu Diensten. Man kann sich leicht vorstellen, wie seine Erzählungen aus der den Fuggern fremden Welt am fernen Bosporus Wünsche für das eigene Haus und ihre sorgsam gestalteten Gärten nach sich zogen. Fast alle Herrscher des Osmanischen Reiches widmeten ihren Gärten große Aufmerksamkeit und leisteten sich üppig mit Blumen ausgestattete Anlagen zwischen sanft plätschernden Brunnen. Legendär waren jene von Sultan Süleiman dem Prächtigen, der die türkische Blumenzucht zum Luxusgewerbe erhoben hatte. Auch die Innenräume seines Palastes ließ er mit unzähligen kostbaren Vasen voll der herrlichsten Gewächse schmücken. Kristallkugeln mit buntem Wasser steigerten noch das Farbenspiel der Natur und in den Gärten krochen des Nachts Schildkröten umher, die auf ihren Panzern brennende Kerzen trugen.

Kein Wunder also, dass die Fugger den regelmäßig nach Konstantinopel reisenden kaiserlichen Botschafter anhielten, ihnen von dort allerlei Pflanzen zu besorgen, die andernorts nicht zu bekommen waren. Vor allem Tulpen, die ursprünglich aus noch weiter östlich gelegenen Regionen stammten und deren Zwiebeln bei sorgsamer Lagerung durchaus nach Mitteleuropa zu transportieren waren, hatten es ihnen angetan. Auch die prachtvollen Kaiserkronen und der Fliederbusch, zarte Levkojen und auch die uns heute so heimisch anmutende Rosskastanie kamen im 16. Jahrhundert aus dem Osmanischen Reich. Diese Pflanzen fanden über Kaufmannsfamilien wie die Fugger ihren Weg in hiesige Breiten. Ohne erstklassige Beziehungen, die angesichts der politischen Unwägbarkeiten allerdings auch sehr fragil waren, wäre dies nicht möglich gewesen.

Denn dieses Ausschauhalten nach Neuem und Kostbarem auf höchster Ebene darf nicht darüber hinwegtäuschen, dass das politische Verhältnis des Heiligen Römischen Reiches zu den Türken offiziell denkbar schlecht war. Jede eingehende Lieferung konnte für lange Zeit die letzte sein, was wiederum den Wert der Waren erheblich steigerte. Ständig herrschten kriegerische Scharmützel, die östlich von Wien wie züngelnde Buschfeuer die Ebenen des heutigen Ungarn drangsalierten, nur unterbrochen von gelegentlich ausgehandelten Waffenstillständen.

Diese allerdings ließen sich die jeweils herrschenden Sultane in Konstantinopel teuer bezahlen. Zum einen forderten sie bares Geld, zum anderen „Geschenke", wie sie nur im mitteleuropäischen Kulturkreis zu bekommen waren. Hier konnten sich die Fugger beim kaiserlichen Hof revanchieren. Als sogenannte „Türkenverehrung" – die in Wirklichkeit eine handfeste Tributzahlung darstellte – gingen diese Geschenke in die Geschichte ein. Das ganze 16. Jahrhundert hindurch bestellte der jeweilige kaiserliche Botschafter am Bosporus im Namen des Kaisers kostbar gefertigte Uhren, Gold- und Silberarbeiten wie Trinkgefäße, Schalen, Schmuck und anderes aus den renommiertesten Werkstätten der Augsburger Goldschmiedezunft.

Noch heute sind manche dieser Kunstwerke im Museum des Topkapı-Palasts von Istanbul zu bestaunen. Deshalb stellten die Fugger in dieser Zeit sicher, dass für den jährlich geforderten Tribut ausgefallene Stücke aus heimischer Kunstgewerbeproduktion pünktlich geliefert werden konnten, indem sie die Handwerker regelmäßig aufsuchten, geeignete Stücke auswählten oder neu in Auftrag gaben. Dafür erhielten sie im Gegenzug vom Botschafter immer wieder türkische Raritäten, mit denen sie ihre Wohnungen und vor allem auch ihre Gärten schmücken konnten. 1572 ist sogar von einem Türkenzelt die Rede, das in einem Fuggerschen Garten gewiss geeignet war, Furore zu machen. Für fremde Gäste wie auch die Augsburger selbst mussten solche Exotika märchenhaft gewirkt haben, selbst für Kaiser und Könige war derlei schwer zu bekommen.

Furore machten bei den Fuggerschen Gästen auch Tulpenzüchtungen, die im frühen 16. Jahrhundert erstmals aus dem Orient nach Europa kamen und zunehmend exquisiter wurden, während es die einfacheren Sorten bereits für „zwei oder drei Batzen" auf dem Augsburger Markt zu kaufen gab. 1592 empfing Hans Fugger daher einen französischen Gärtner bei sich zu Hause. Letzterer hatte bei der in Wien residierenden Adelsfamilie von Stotzingen gedient und über den Fuggerschen Geschäftsstellenleiter in Wien, Hans Meichsner, in Augsburg anfragen lassen, ob in der Familie Fugger Interesse an ausgefallenen

Tulpenzwiebeln bestünde. Hans Fugger konnte nicht widerstehen, ihn persönlich zu empfangen, wenngleich er sehr genaue Vorstellungen äußerte, wie die Tulpenart beschaffen sein müsste. Jene, die „drei oder vier [Blüten] uff einem Stengel, weren mir am allerliebsten, weil sie bei uns gar selzam, ja nit gesehen worden". Voller Vorfreude bekannte Hans Fugger, „weil ich ein halber Gertner, zu versteen, dass ich ein sondern Lust darzu hab, will ich gern mich mit i[h]m unterreden".

Der Franzose kam über München tatsächlich zu Hans Fugger gereist. Der gab sich noch skeptisch, scheint er doch bereits unerfreuliche Erfahrungen gemacht zu haben: „Weil er ein geborner Franzos, so wirdt uff seine Wort nit vil zu pauen sein, doch khan nit schaden, ihn auch anzuhören, ob er mit Gertlen mer khind und wüst als andere". Es war Hans Fugger wohl bewusst, dass man den Zwiebeln nicht ansehen würde, ob sie zu den seltenen oder den mittlerweile auch in hiesigen Breiten häufiger anzutreffenden Sorten gehörten. Erst der Wonnemonat Mai im Jahre 1593 brachte schließlich an den Tag, dass der französische Besucher ein Betrüger gewesen war. Doch zu diesem Zeitpunkt weilte dieser längst wieder in Wien. Es blieb Hans Fugger nur noch, heftige Drohungen dorthin auszusprechen, falls er je noch einmal „uff ihn stossen solt, wolt ich ihm zum wenigsten diese Tulipani an der Haut abschlagen oder ein Ohr abschneiden lassen, damit er wösst, wie er ein andermal mich und meinsgleichen tractirn solt". Man hat nie gehört, dass es zu dieser rohen Tat gekommen wäre und der fremde Gärtner wusste tunlichst zu vermeiden, sich noch ein weiteres Mal bei den Fuggern anzumelden.

Verglichen damit gestaltete sich der Austausch von Gartengewächsen mit Herzogin Renata, der aus Lothringen stammenden Gemahlin des bayerischen Erbprinzen Wilhelm, um einiges erfreulicher. Als leidenschaftliche Hobbygärtnerin kümmerte sie sich gerne persönlich um die Anpflanzungen auf Burg Trausnitz in Landshut, wo das junge Paar zunächst residierte. Nach dem Tod Herzog Albrechts V. im Jahre 1579, als Wilhelm V. die Regierungsgeschäfte übernahm und nach München übersiedelte, suchte Renata auch im dortigen Hofgarten ihre Pläne zu verwirklichen. Die herzoglichen Gärten umfassten wie die der Fugger nicht nur seltene Ziergewächse, sondern auch exotische Nutzpflanzen. Sie wanderten zur weiteren Verarbeitung in die Küchen, um nach kenntnisreicher Zubereitung durch das Küchenpersonal, von dem hohes Niveau verlangt wurde, neugierige Gäste zu entzücken. Es wurde viel experimentiert mit der Überwinterung von Zitrusfrüchten, vor allem den kleinen Bitterorangen, Pomeranzen genannt, auch mit Limonen und Zitronen. Über Jahre besonders begehrt war beispielsweise der Blumenkohl, ein damals rares Gewächs.

Wie in Hans Fuggers Korrespondenz zu erfahren ist, bezog er die Samen dafür über den Fuggerschen Agenten in Venedig aus Alexandria oder Zypern. Ein ganzes Pfund Samen in einer Lieferung lässt vermuten, dass er gerne auch davon abgab, wenn sich Gäste seiner Tafel lobend über den Geschmack des fremdartigen Gewächses geäußert hatten. Hans Fuggers Bezugsquelle versiegte allerdings, nachdem die Türken das vormals venezianisch regierte Zypern 1571 erobert hatten. Viel Mühe verwandte er übrigens auch auf die Zucht seiner Artischocken, von denen er ebenfalls bereitwillig an seine herzoglichen Gäste aus München abgab. Regelmäßig war Renata mit ihrem Gemahl in Augsburg bei den Brüdern Marx und Hans Fugger zu Gast, wo sie jedes Mal köstlich bewirtet wurden. Das herzogliche Paar traf dort häufig auch mit Renatas Mutter, der Herzogin Christine von Lothringen, zusammen, deren Witwensitz man im nahe gelegenen Schloss Friedberg eingerichtet hatte.

Bei diesen Gelegenheiten sprach man nicht nur gern den Weinen zu, die Hans Fugger aus verschiedenen Gegenden vom nahen Württemberg und Franken über Österreich und Ungarn bis hin zu Ländern des Mittelmeerraumes bezog, sondern tauschte sich bei Musik und Tanz auch über die eigenen gärtnerischen Experimente aus, die allerdings nicht immer von Erfolg gekrönt zu sein schienen. „Wann man zween Monat lanng mer Sunnen aus Italia bringen kundt, wär gutt zu gärttnern", klagte Hans 1569 gegenüber seinem herzoglichen Gast.

In ihren Gartenteichen und Schlossgräben züchteten die Fugger Fische. Wie sie gefangen wurden, zeigt der Hintergrund des von Hans Fugger um das Jahr 1578 für Schloss Kirchheim erworbenen Gemäldes einer Fischhändlerin.

Aus Küche und Keller

Aus Küche und Keller

Herzog Wilhelm erbat sich 1577 von Hans Fugger eine Auswahl von Weinstöcken aus Spanien, Italien und „anderen Orten" nach Landshut. Das hört sich an, als wären bereits einige Versuche schiefgegangen, was uns angesichts des Breitengrads heute nicht weiter verwundert. Hans Fugger fachsimpelte hingegen gerne über seine eigenen Erfahrungen mit Wein. Obwohl sein „welscher" Gärtner vor Jahren immer wieder Weinstöcke aus Italien mitgebracht hätte, warnte er vor solchen Traubenarten, die wegen der hiesigen Kälte nur schlecht gerieten. Lediglich seine Traminertrauben habe er belassen, sie seien inzwischen aber so groß geworden, dass man sie weder versetzen noch entfernen könne. So empfahl er dem Herzog die Pflanzung einer schwarzen Traube, die man in Italien „Marzamino" nenne. Die eigentlich aus der Gegend von Korinth stammende Marzamintraube wurde seit dem 15. Jahrhundert auch im Veneto angebaut, wo sie inzwischen nur noch selten zu finden ist – „versa il vino, eccellente Marzemino" singt immerhin noch Mozarts Don Giovanni.

Hans Fugger räumte ein, dass er eigentlich keine Ratschläge erteilen sollte, da er auf diesem Gebiet weniger Kenntnisse habe als der Herzog – wohl eher eine bescheidene Floskel der Höflichkeit, denn gegenüber weniger hochstehenden Personen wusste er sehr wohl darüber zu diskutieren. Dennoch empfahl er dem Herzog, im kommenden Frühjahr aus Mantua und Ferrara Weinstöcke kommen zu lassen, und fügt mit seiner trockenen schwäbischen Art hinzu: „am besten gleichzeitig auch etwas von der dortigen Sonne".

Der Wein bedeutete für ein gastliches Haus wie das der Fugger natürlich einen jährlich wiederkehrenden, wichtigen Einkauf. Woher wurde er bezogen, in welchen Mengen und welcher Wein krönte welchen Anlass? Die meiste Auskunft hierüber erhalten wir durch Hans Fuggers Korrespondenz aus der zweiten Hälfte des 16. Jahrhunderts, während die Zeit davor zu

Anton Fugger erwarb Schloss Stettenfels bei Heilbronn nicht zuletzt wegen des dort gekelterten Neckarweins.

diesem Thema weitgehend im Dunklen bleibt. Hans Fugger teilte sich mit seinem Bruder, dem Firmenchef Marx Fugger, den Hauptkomplex der Fuggerhäuser am damaligen Weinmarkt, heute Maximilianstraße, sodass sie sich auch gemeinsam um die Gäste und die dafür nötigen Einkäufe zu kümmern hatten. Dies erklärt wohl die bezogenen Mengen.

Einen größeren Teil ihres Weines erhielten sie alljährlich vom familieneigenen Schloss Stettenfels im Württembergischen. Der Transport nach Augsburg erfolgte mit Fuhrwerken. Aus Bibersburg, einem ehemals Fuggerschen Besitz in der heutigen Slowakei, dessen Schloss noch heute besteht, erhielten die Brüder den anderen Großteil an Weinen vom eigenen Gewächs. Die Bibersburger Schlossverwaltung schickte die Fässer zunächst an einen Donauhafen, von wo man sie flussaufwärts per Schiff nach Donauwörth transportierte. Danach schüttelte sie ein Ochsenfuhrwerk noch einmal kräftig durch, bevor sie endlich in Augsburg anlangten und im Keller der Fuggerhäuser eingelagert werden konnten. Nicht viel schonender gelang der Transport von importierten Weinen wie dem Malvasier, der ursprünglich von den Ägäischen Inseln stammt, und den die Fugger über ihre Agentur in Venedig aus dem Mittelmeerraum kommen ließen. In Anbetracht der ständigen Türkengefahr gestalteten sich diese Bestellungen jedoch zu einer unsicheren Sache, auf die sich ein gastliches Haus mit so vielen Verpflichtungen nicht verlassen konnte. Die heute nur noch selten angebaute Rebsorte Malvasier – sie ist eine natürliche Kreuzung von Rotem Veltliner und

Sylvaner, ergibt einen goldgelben, säurearmen und kräftig-würzigen Wein mit hohem Alkoholgehalt.

Hans Fugger, eher an die heimischen Sauerreben gewöhnt, bat in zahlreichen Briefen immer wieder um Sorten, die „nicht zu stark und eher piccante" sein sollten, womit wohl die trockeneren gemeint waren. 1581 war demnach – zumindest nach Hans Fuggers Gusto – ein guter Jahrgang, denn im Dezember selbigen Jahres schrieb er nach Venedig, dass die beiden gerade angekommenen Malvasierweine seinem Empfinden nach perfekt geraten seien. Er fand sie weder zu stark noch zu mild und „wer das khunfftig Jar erlebt, mag sich mit dergleichen wol betragen". Als im Winter 1571 eine in Venedig längst abgesandte Lieferung von „vin graeco" einfach nicht eintreffen wollte, befürchtete er wohl nicht zu Unrecht, dass die Köstlichkeit von unzuverlässigen Boten schon unterwegs vertrunken worden sein könnte und fügte mit einem nicht allzu frommen Wunsch hinzu: „denen segne es Gott, wie dem Hund das Gras".

Wenn wir auch im Vergleich zu anderen Fuggern über relativ genaue Kenntnisse des Privathaushalts von Hans Fugger verfügen, so geben die von ihm bezogenen Mengen an Wein trotz allem gewisse Rätsel auf. In seiner Korrespondenz spricht er meist von Fässern, deren Größe wir jedoch in der Regel nicht erfahren. 1573 orderte Hans Fugger beim Verwalter des bereits erwähnten Schlosses in Bibersburg die Übersendung von 3000 bis 4000 „Eimern" eigenen Weines. Darunter verstand man in Bayern ein Maß von gut 64, in Österreich hingegen nur 56 und in Württemberg sogar 293 Litern.

Es spricht viel dafür, dass in Bibersburg die österreichischen Maße gültig waren, sodass man immer noch von gewaltigen Mengen ausgehen kann, die von dort die Keller zur Einlagerung in den Fuggerhäusern erreichten. In jedem Jahr kamen noch andere Sorten hinzu. Vom Süßwein aus Venedig bestellte Hans Fugger im Jahre 1574 eineinhalb bis zwei „bigonzas", ein venezianisches Hohlmaß von etwa 130 Litern – für sich genommen ebenfalls eine stolze Menge. Der kaiserliche Kämmerer und

Hans Jakob Fugger erwarb einst ein Schloss im schweizerischen Weinfelden. Es steht inmitten von Weinbergen im Thurgau, wo der gleichnamige Wein gekeltert wird.

Heerführer Don Juan Manrique de Lara, ein als äußerst trinkfest bekannter spanischer Edelmann, der oft bei den Gebrüdern Fugger in Augsburg zu Gast war und dem sie so manchen Kater verdankten, schenkte Hans Fugger einst zwei Pferde. Sogleich revanchierte sich dieser mit einem Fass „von sechs bis sieben Eimern", also zwischen etwa 350 und 400 Litern. Diese Menge bittet Fugger seinen Bibersburger Verwalter Manrique, der damals in Wien ansässig war, zukommen zu lassen, und zwar vom Besten. Vor einem Kenner wollte er sich nach eigener Aussage keinesfalls blamieren.

Mitten in einem ausgedehnten Weinberg steht auch das Schloss im schweizerischen Weinfelden, das Hans Jakob Fugger im Jahr 1555 erwarb. Sowohl der Name des Orts als auch der dort gekelterte Thurgauer lassen darauf schließen, dass sich die Fugger Wein aus der Bodenseeregion liefern ließen.

Mit welchen Speisen bewirteten die Fugger ihre Gäste? Kurz und bündig gesagt: mit dem Feinsten, was zu bekommen war. Aufgrund der verkehrsgünstigen Lage waren Augsburgs Märkte ein geeignetes Pflaster für einheimische wie fremdländische Leckereien. Aus einer vom Freisinger Bischof Ernst im Dezember 1576 an Hans Fugger übermittelten Einkaufsliste hören wir von Dingen, die in Freising und wohl auch in München entweder gar nicht oder für ein Festmahl nicht jederzeit in ausreichenden Mengen zur Verfügung standen, sodass sie aus Augsburg importiert werden mussten. Dazu gehörten beispielsweise Zitronen und Pomeranzen, Granatäpfel, Mandeln, Kapern und Oliven. Im Sommer konnte man Melonen und Kürbisse kaufen, im Winter Austern und Krustentiere, aber auch Hasel- und Rebhühner, die ausdrücklich „auß dem Gebürg" angeliefert wurden.

Auch Exotika aus fremden Ländern tischten die Fugger gerne auf. Dabei bewährten sich natürlich ihre erstklassigen Handelsbeziehungen. Regierenden Häuptern standen diese nur dann zur Verfügung, wenn sie sich an die Kaufleute wandten. Über ihre ausländischen Faktoreien hatten die Fugger frühzeitig und schnell Zugang zu allem, was neuartig war und die Gäste in Staunen versetzen konnte. Sie gehörten also gewissermaßen zur „kulinarischen Avantgarde" in Augsburg. Jedes Jahr im Winter, insbesondere während der Fastenzeit, bezeugen die Korrespondenzen nach Venedig allwöchentliche Bestellungen von Fisch und Krustentieren. Sie dienten für die nach katholischem Gebot fleischlose Zeit als ein hochwillkommener Ersatz und halfen, die Nöte des Verzichts deutlich zu mindern.

Austern, die zudem im Ruf standen, die weibliche Fruchtbarkeit zu fördern und die sich auch Schwangere gerne servieren ließen, kamen fassweise an. In einer Bestellung ist von 300 Stück die Rede. Da man sie nicht allzu lange konservieren konnte, ist daraus auf großzügige Bewirtung einer stattlichen Anzahl von Personen zu schließen. Wie erwähnt, zogen die Fugger in ihren Gartenteichen und Schlossgräben eigene Fische, liebten aber auch die des Mittelmeeres. Damit diese den Transport über die Alpen überstanden, wurden sie in Salz eingelegt oder mit gewürztem Gelee umhüllt und so über einen längeren Zeitraum genießbar gehalten. Wie mehrfach überliefert, speiste man bei Fuggerschen Gastmählern gerne Meerspinnen – „grancevoli" genannt – und eine Art Kaviar aus dem gesalzenen Rogen der Meeräschen, den die Italiener als „bottarghe" anboten. „Gambarelli" nannte man die kleinen Krebse aus dem Mittelmeer, die sich schon im 16. Jahrhundert äußerster Beliebtheit erfreuten.

Auch Schnecken scheinen zu den fastentauglichen Speisen bei den Fuggerschen Bewirtungen gehört zu haben. Sie allerdings mussten nicht eigens aus Italien importiert werden. Ganz im Gegensatz zum „grana", dem parmesanartigen Käse, den sich die Fugger in großen Laiben aus Florenz liefern ließen. Auch andere Käsearten erhielten sie, doch wird weder ihre Beschaffenheit noch ihre Herkunft genauer beschrieben.

Vor allem anderen aber kamen in der herrschaftlichen Küche zahlreiche Fleischgerichte auf den Tisch, wo sie neben teurem Fisch die Hauptrolle spielten. Von kleinen Vögeln bis zu ganzen Ochsen war besonders das Braten am Spieß sehr beliebt. Nach den teilweise noch erhaltenen Inventarlisten der Fuggerschen Küchen gab es eine Vielzahl von Spießen und die zugehörigen Drehvorrichtungen in allen nur denkbaren Größen. Wild, das zu einem großen Teil aus eigenen Jagdrevieren stammte, war reichlich vorhanden. Die Fugger hatten, sobald es ihr erwirtschaftetes Vermögen erlaubte, diese immer wieder in sichere Liegenschaften im Augsburger Umland angelegt. Andere wurden ihnen verliehen, wie Schloss Oberkirchberg oder Weißenhorn. Dabei profitierten sie vom damit verbundenen Jagdrecht, sodass sie in jedem dieser Orte eigene Jäger zur Hege, Überwachung und Jagd der Bestände beschäftigten. Diese waren gehalten, insbesondere das Schwarz- und Rotwild den Regeln gemäß zu erlegen, bevor sie es sauber ausgeweidet und sorgfältig konserviert nach Augsburg schickten. Offenbar war dies nicht immer eine Selbstverständlichkeit, berichtete doch Hans Fugger 1592 seinem Verwalter in Kirchheim von einer Gesellschaft, die er am bayerischen Hof erlebt hatte. Dort war ungenießbares Wildbret, aus dem die Maden krochen, serviert worden. Derlei hätten die Fugger ihren Gästen nie zugemutet.

Neben Fasanen, Reb- und Haselhühnern und anderen Wildvögeln, die während der Jagdzeit auf den Tisch kamen, erhielten die Fugger Hausgeflügel regelmäßig von ihren eigenen Untertanen und Pächtern sowie den Schwaigen ihrer Güter: Hühner, Kapaune, Gänse und Enten. Für den täglichen Gebrauch mögen die von dort gelieferten Mengen genügt haben, für große Gast-

Der Blick in eine herrschaftliche Küche. Aus der Korrespondenz der Fugger ist Wissen über viele Speisen dieser Zeit überliefert. Vor allem kamen zahlreiche Fleischgerichte auf den Tisch.

mähler mussten sie allerdings ihre Einkäufer ausschicken. Zu diesen Gelegenheiten war es den Fuggern wichtig, ausgefallene Neuheiten zu servieren – sie zeigten sich hierbei äußerst experimentierfreudig. Zu den Raritäten gehörten Truthühner, die als „indianisches Geflügel" – einst von Columbus nach Spanien mitgebracht – erst im Laufe des 16. Jahrhunderts langsam in Süddeutschland heimisch wurden. Für den einfachen Haushalt dürften sie unerschwinglich gewesen sein, doch versuchten die Fugger, sie auf ihren eigenen Gütern weiterzuzüchten.

Ein neuartiges Nahrungsmittel war auch die Kartoffel. Auf den Speiseplan des einfachen Volkes kam sie erst im 18. Jahrhundert, doch in reichen Häusern kannte man sie bereits im 16. Jahrhundert. Man transportierte sie in Kästchen, die nur ein paar der fremden Knollen enthielten und verschenkte sie so als Kostbarkeit. Neben dem bereits erwähnten exklusiven Gemüse, das teilweise aus eigener Produktion stammte, spricht Hans Fugger einmal von weit über 1000 Obstbäumen, die er besäße – wohl den geringeren Teil in den Augsburger Vorstadtgärten, sondern hauptsächlich auf seinen Landgütern. Die heimischen Fruchtsorten wie Äpfel, Birnen, Quitten, Zwetschgen, Süß- und Sauerkirschen wurden zur Erntezeit in tagelangen Aktionen zu Kompott, Fruchtpasteten oder Konfekt verarbeitet, sodass sie auch im Winter serviert werden konnten. Als höchst fortschrittliche Arbeitgeber ließen die Fugger zudem Obstgärten anlegen, deren Erträge allein dem Gesinde zur persönlichen Verfügung standen.

Ein wichtiger Bestandteil der damaligen Kochkunst waren die Gewürze, die über ihre geschmackliche Funktion hinaus auch als Prestigeobjekt galten, denn nur Wohlhabende konnten sie sich leisten. Jedermann verwendete heimisches Steinsalz und Essig nicht nur zum Würzen, sondern auch zum Konservieren. Die verschiedenen Gartenkräuter wie Petersilie, Kerbel, Kümmel, Majoran und Minze, außerdem Zwiebeln, Wacholder und Anis fanden sich auf den Augsburger Märkten. Aus dem Mittelmeerraum bezog man Rosmarin, Thymian, Lorbeer und Schalotten. Zum Süßen diente vor allem Honig, der aber teuer war.

Die internationalen Verbindungen der Fugger erlaubten jedoch noch eine viel breitere Palette: Pfeffer und Muskatnüsse wurden in großem Stil über Portugal aus Ostasien importiert und weitergehandelt, ebenso wie Zimt, Nelken und Vanille. Ingwer, ebenfalls aus Asien kommend, bestellte Hans Fugger fässchenweise aus Antwerpen. Safran lieferte der Orient und war sehr begehrt, auch wenn man ihm nachsagte, dass er zur Unkeuschheit reize, jedoch in Wein aufgelöst gegen Trunkenheit helfe. Das glaube, wer will – sagte man vielleicht schon damals.

Zu Gast im Hause Fugger

82

Die gedeckte Tafel

Nicht nur im Hause Fugger kamen oft unmäßige Mengen Fleisch auf den Tisch – Vincenzo Campis Gemälde auf Schloss Kirchheim deutet es an. Die reich gedeckte Tafel zierten kostbares Silbergeschirr und kunstvolle Gläser.

Die gedeckte Tafel

Beim Eindecken ihrer Tafeln trieben die Fugger offenbar so großen Aufwand, dass dieser selbst für die bayerischen Herzöge stilbildend wurde – nicht umgekehrt. 1578 forderte Wilhelm V. von Bayern bei Hans Fugger für die kommende Fastnacht eine große Anzahl zusammengelegter, zugerichteter Servietten an. Das lässt sich nur so erklären, dass diese im Hause Fugger auf besonders kunstvolle Art gestaltet waren. Fugger versprach, diese umgehend zu schicken, obwohl das eigene Haus gerade in den Hochzeitsvorbereitungen für seinen Neffen Anton mit Barbara Gräfin zu Helfenstein steckte. So konnte er sich nicht verkneifen, den Herzog eigens darauf hinzuweisen, „dass die Serviet dermassen zu steckhen und zusamen zu legen gar vil Mühe und Zeit nimbt, also Euer Fürstliche Gnaden mit der begerten Anzal nit aigentlich vertrösten khan". Er wolle aber wenigstens 50 Stück schicken.

Es scheint, dass der Herzog, der unzählige Male bei Hans Fugger zu Gast geladen war, die dortige Art des Tischdeckens so bewundert hatte, dass er es ebenso halten wollte. Und wenn trotz der Hochzeitsfeier in der eigenen Familie noch 50 Servietten für den Herzog entbehrt werden konnten, lässt das auf reichlich gefüllte Wäschetruhen schließen. Vergegenwärtigt man sich die Einkäufe von Hans Fuggers Gemahlin Elisabeth, die im März 1562 – zwei Jahre nach ihrer Hochzeit – in München und Augsburg fast 900 Ellen Leinwand unterschiedlicher Qualitäten einkaufte, was etwa 740 laufenden Metern entspricht, dann wird klar, dass an Tischwäsche keine Not herrschte. Und selbst wenn ein Teil davon zu Bettwäsche verarbeitet worden sein sollte (was die Rechnung, die von „Hausleinwand" spricht, nicht eigens ausweist), musste die Hausfrau mit frischer Tischwäsche gewiss nicht geizen. Es gab übrigens sogenannte „Anrichttafeln", große Tische, die fertig gedeckt und bestückt in den Speisesaal getragen und nach verrichtetem Mahl wieder vollständig abgetragen wurden. Übrig gebliebene Speisen wurden von dort an die Armen verteilt.

Die gedeckte Tafel

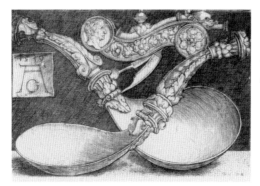

Der Goldschmied und Kupferstecher Heinrich Aldegrever schuf im frühen 16. Jahrhundert Stichvorlagen für kostbare Silberbestecke, wie sie auch im Haushalt der Fugger in großer Zahl vorhanden waren.

Das im Hause Fugger gebräuchliche Geschirr, das Besteck und die Tischwäsche sind fast nur noch durch die alten Inventare überliefert. Die Plünderungen des Dreißigjährigen Krieges haben das meiste verschleppt oder ganz zerstört. Ein vergoldetes Geschirr mit dem Allianzwappen der Fugger und Gassner befand sich seit der bereits erwähnten Hochzeit von Ulrich Fugger und Veronika Gassner, die 1516 wegen ihres Prunks in der Stadt Augsburg Aufsehen erregt hatte, in Familienbesitz. Wegen seiner Kostbarkeit hielt es die Familie immer in Ehren, doch dürfte man es kaum im Alltag verwendet haben. Zinngeschirr war reichlich vorhanden. Ein Inventar nennt „zinnerne Teller auf Silberart gemacht mit dem Fugger-Wappen und der Jahreszahl 1597" in Schloss Oberkirchberg, dessen Herrschaft der Familie seit 1507 neben Weißenhorn verliehen war. Dort gab es auch 30 mit dem Familienwappen gezierte Deckelschüsseln aus Silber, die aufgrund der Menge und des feinen Materials auf ein herrschaftlich geführtes Haus schließen lassen – auf dem Lande nicht weniger als in Augsburg selbst.

1588 erwarb Octavian Secundus Fugger „ein Silbergeschirr auf einen runden Tisch zu speisen oder servieren" um die stolze Summe von 2662 Gulden. Allein aufgrund dieses Preises muss es aus einer stattlichen Anzahl von Teilen bestanden haben. Zum Vergleich: Ein paar Jahre vorher verehrte Hans Fugger einem seiner Hofmeister zur Hochzeit einen immerhin vergoldeten Becher, der wenig mehr als 23 Gulden gekostet hatte. Zudem gab es große Mengen der in Deutschland üblichen,

Kostbares Silbergeschirr und kunstvolle Gläser zierten die Tafel der Fugger. Eine reich verzierte gläserne Kanne und einen Teller – beide mit Fuggerwappen – sieht man im Fuggermuseum Babenhausen.

braun glasierten irdenen Ware, die in der Küche, für das Dienstpersonal und wohl auch für die Kinder Verwendung fand.

Auf einer besonders schön gedeckten Tafel fanden sich seit dem 16. Jahrhundert auch kostbare Stücke aus italienischer Majolika, einer weiß grundierten und farbig bemalten Keramik, von denen die Fugger aufwendig gefertigte Stücke immer wieder direkt aus Florenz zu beziehen pflegten. Vor 1600 noch spärlich hingegen sind die Nachrichten über Fuggersches Porzellan. Dieses kostbare Material wurde in Deutschland erst im 18. Jahrhundert gebräuchlicher, als einheimische Manufakturen mit seiner Herstellung zu experimentieren begannen. In einem Fall kaufte Octavian Secundus ein Stück aus Lissabon, das zuvor wohl direkt aus dem fernen Reich der Chinesen importiert worden war.

Originelles Tafelsilber stellten die „Gewürzbüchslein" und die niederen, gedeckelten Salzbüchslein dar, die man „für die Herren auf die Teller setzt". Ein Augsburger Silberschmied lieferte 1587 „zwei silberne Zänglein, die Pistachi aufzubrechen, mit Löwenköpfen". Aus Silber war in der Regel auch das Essbesteck, vor allem die Löffel und Gabeln, die man „Pirons" nannte. Die Griffe der Messer waren häufig aus Holz, von Ahorn bis hin zu schwarzem Ebenholz, Perlmutt oder auch Bein, in einem Fall sogar geschnitzt „mit türkischen Gesichtern". Doch auch goldene Bestecke und solche mit Griffen von „geschmelzter Arbeit", also Email, sind überliefert. Gerade diese Kostbarkeiten dürften gastlichen Ereignissen vorbehalten gewesen sein. Kinder erhielten schon damals ihr eigenes kleines Besteck.

Wie wurde der Wein serviert? Im Alltag der Fugger kam er hauptsächlich in Silberbechern auf den Tisch. Hans Fugger betonte einmal ausdrücklich, dass er ihn nicht aus Gold trinke, was bei einem Mann seines Vermögens durchaus nicht ungewöhnlich gewesen wäre. Wie viele seiner Zeitgenossen ging er davon aus, diese Sitte befördere die „Podagra", die damals weit verbreitete Gicht, deren Symptome ihn ohnehin schon früh in seinem Leben plagten. An dieser Krankheit litten gerade die Wohlhabenden, denn sie aßen oft unmäßig viel und schwere Kost, vor allem Fleisch in großen Mengen, wie zahlreiche alte Schilderungen, nicht nur im Hause Fugger, nahelegen.

Bei hohen Gästen kamen gern venezianische Gläser zum Einsatz. Seit dem 13. Jahrhundert war Venedig europaweit dafür berühmt, dünnwandige, farblose Trinkgläser herzustellen, die allenfalls feine Goldränder oder auch farbige Pünktchen aus Email aufwiesen. Das Entfärben des Glases war damals noch eine besondere Kunst und galt als streng gehütetes Geheimnis der Glasbläser von Murano. Nicht ohne Grund befanden sich ihre Werkstätten auf einer Insel! Äußerst beliebt waren auch solche mit bunten Fäden oder flügelartigen, kunstvoll gestalteten Ausbuchtungen am Stiel. Octavian Secundus Fugger ließ sich 1590 „veilchenblaue Gläser" schicken und in seinem Nachlass sind „32 kleine venedische Trinkgläser, alle mit Füßlein, darunter zwei Schifflein" überliefert. Solche zierlichen Glasspielereien exportierten die Venezianer in alle Länder Europas und sogar ins Osmanische Reich.

Marx Fugger hatte 1575 den „lüderlichen" Herzog Heinrich von Schlesien-Liegnitz zu Gast. Dessen Haushofmeister Hans von Schweinichen war von den Gastgebern derart beeindruckt, dass er in den höchsten Tönen schwärmte. Kein solches Bankett sei ihm je irgendwo begegnet und er meinte, „dass auch der römische Kaiser nicht besser tractiren könnte". Das Mahl habe in einem Saal stattgefunden, „in dem man mehr Gold als Farbe sah". Der aus glattem Marmor gefertigte Boden allerdings sollte dem Diener an diesem Abend zum Verhängnis werden. Denn auf einem durch den ganzen Saal aufgeschlagenen Kredenztisch standen die schönsten venezianischen Gläser, „weit über eine Tonne Gold werth", wie er meinte. Marx Fugger spendete seinem herzoglichen Gast den Willkommenstrunk in einem kunstvoll hergestellten Schiff aus edelstem venezianischen Glas, das der Haushofmeister seinem Herrn überreichen sollte. Der jedoch glitt auf dem Marmor aus und zerbrach das Prunkstück zu seinem eigenen Leidwesen in tausend Stücke. Der betrübte Gastgeber soll nachher unter der Hand geäußert haben, er wollte lieber hundert Gulden als dieses Schiff verloren haben, während die übrige Festgesellschaft sich nur über den gefallenen Diener und sein mit Wein begossenes Wams zu amüsieren wusste.

Hans Fugger, der Bruder des Gastgebers, bestellte 1583 in Venedig ein Kistchen mit Kristallgläsern – nicht für die Kredenz, sondern zum tatsächlichen Gebrauch – und wollte sie „vom besten und schönsten, das zu finden sei, doch nicht zu groß, sondern klein und lusstig". Die großen erfreuten sich im Hause Fugger, da stets in Gefahr umgestoßen zu werden, offenbar keiner Beliebtheit. Zum einen war ihre Beschaffung von Haus aus kostspielig und zum anderen konnte es, je nach Jahreszeit, mühsam und langwierig sein, Ersatz von Venedig über die Alpen zu schicken.

Besagte Kristallgläser wollte Hans Fugger seiner Nichte Maria verehren. Sie war die Tochter seines Bruders Marx, die im Juni 1583 den ungarischen Adeligen Niklas Freiherrn von Pálffy zu Ondekh heiratete. Auch sein Schwiegersohn Octavian Secundus schenkte der Braut, wie Hans Fugger vorher erfuhr, edle Trinkgläser – aus Mantua. Daraufhin war ihm erst recht daran gelegen, die schönsten aller Gläser zu finden und gab zu, dass er in diesem Wettstreit gerne Sieger wäre. Die endgültige Lieferung, mit deren Qualität und Aussehen er sich voll zufrieden erklärte, verzeichnete nach Ankunft in Augsburg fünf oder sechs zerbrochene Stücke, was, wie Hans Fugger an seinen Agenten schrieb, „bei einer solchen Menge wenig sei".

Daraus können wir schließen, dass das Geschenk insgesamt aus weit mehr Gläsern bestand als die heute üblichen Aussteuergaben von sechs oder zwölf Stück. Das Brautpaar zog einige Wochen nach der Hochzeitsfeier in Augsburg, bei der die Braut gleichzeitig von ihrer Familie Abschied nehmen musste, in seine künftige Heimat Wien, wo Niklas von Pálffy in Hofdiensten stand. Ob die zarten Gläser diese Fortsetzung ihrer bereits langen Reise wohlbehalten überstanden haben?

So manche Kunstwerke aus Silber, Zinn, Majolika und Glas dienten weniger dem tatsächlichen Gebrauch, vielmehr kamen sie bei den in den Speisesälen hoch aufgerichteten „Schauessen" zum Einsatz. Diese Sitte ist inzwischen völlig vergessen, doch erfreute sie sich bis in die Barockzeit hinein großer Beliebtheit. Dafür wurden kostbare Gefäße, Glaskunstwerke, kleine Springbrunnen, riesige Pasteten, Früchte, Pflanzen und sogar Darstellungen mythologischer Figuren aus Wachs oder anderem Material geformt und dann zu kunstvollen Gebilden aufgetürmt. Als reine Augenweide sollten sie den Appetit der Gäste für alles Kommende anregen. Vor allem war es ihre Aufgabe, den Gästen symbolisch den Reichtum und die Großzügigkeit des Hauses vor Augen zu führen. Mehrere solcher Wachsformen, „eines von Zitronen, das andere der Bacchus", ferner „ein Mercurius" und ein wächserner „Garten" sind im Besitz von Octavian Secundus Fugger nachweisbar.

Obwohl man selten von solchen Spielereien erfährt und noch weniger davon sich in die heutige Zeit erhalten haben, waren sie doch in großer Zahl vorhanden. Das Küchenpersonal benutzte auch aus Holz geschnitzte Modeln zur Herstellung von diversem Tafelschmuck. Das eigene Wappen und vor allem die der Gäste in Teig auszubacken und damit Speisen und Gedecke zu dekorieren, schmeichelte denen, die an der Tafel Platz genommen hatten und ehrte sie in ihrer Gastrolle.

Der Dreißigjährige Krieg und seine Folgen hatten dem blühenden Augsburg, bis dahin eine der prachtvollsten Städte Deutschlands, nahezu den Garaus gemacht. Die Fuggerschen Familien zogen sich mit einem Teil ihres Hab und Guts auf ihre Landsitze zurück, während es in ihren Augsburger Häusern zu unersetzlichen Verlusten von Ausstattung und beweglichem Inventar kam. Die ranghohen Offiziere bezogen 1632, als Augsburg von den Schweden besetzt worden war, die Fuggerhäuser als ihr Hauptquartier. Ein Augenzeuge berichtete später, dass sie alles Wertvolle und Schöne abtransportieren ließen, verkauften, tauschten „und in ander gleichen Weeg zue Ihrem Nuzen verwendet(en)". Den Rest plünderten „alhiesige Bürger ... unbefuegter Weis".

Nur so erklärt sich, dass Monsieur Balthasar de Moncony, der Begleiter des Herzogs von Chevreuse, im Jahre 1664 lakonisch feststellen konnte: „Am Nachmittag war der Herzog im Fuggerhaus, das in der großen Straße liegt, wo es überhaupt nichts zu sehen gibt, und obwohl es jenes Haus ist, wo der Kaiser absteigt, ist es sehr unbedeutend. Es ist außen bemalt und ganz mit Kupfer gedeckt. Man sagt, dass wenn der Rat es dem Erbauer erlaubt hätte, er es mit Gold gedeckt hätte. Aber er erlaubte es nicht, und sagte, dass man dann Galgen davor stellen müsste, um die zu hängen, die Ziegel herunterstehlen. Innen ist nichts als ein mittelmäßiger gewölbter Saal, der von Steinsäulen gestützt wird".

Man meint, eine gute Portion Hochmut herauszuhören – gegenüber den Fuggern, dem Kaiser, dem Rat der Stadt, aber auch eine erstaunliche Ignoranz gegenüber den offensichtlichen Kriegsfolgen, die auch einem Franzosen nicht ganz unbekannt gewesen sein konnten. Der Krieg, die Plünderungen und die harten Zeiten danach hatten den einstigen repräsentativen Glanz nachhaltig beschädigt, den die Fugger als bürgerstämmiges Ausnahmegeschlecht in ihrer Stadt über gut anderthalb Jahrhunderte ausstrahlten. Wohl empfingen sie auch noch während des Dreißigjährigen Krieges hohe „Gäste" – der Schwedenkönig Gustav Adolf beispielsweise nahm in ihrem Hause die Huldi-

Szenen der Augsburger Krönungsfeierlichkeiten Kaiser Josephs I., der sich von August 1689 an in Augsburg aufhielt. Dort wurden 1690 zunächst seine Gemahlin zur Kaiserin, wenige Wochen später sein Sohn zum römischen König gekrönt.

gung der Stadt Augsburg entgegen. Doch hielten er und seine Offiziere sich dort als Besatzer auf, nicht als geladene Besucher.

Mit dem ab 1663 etablierten „Immerwährenden Reichstag" in Regensburg hatte Augsburg eine bis dahin wichtige Funktion innerhalb des Heiligen Römischen Reichs verloren. Noch einige Male besuchten Kaiser die Stadt Augsburg, meist auf ihrem Weg zur Krönung nach Frankfurt. Die Tradition, das Haus Fugger als ihr Quartier zu wählen, hatten sie beibehalten. So fiel noch einmal besonderer Glanz auf die Fugger anlässlich der in Augsburg stattfindenden Krönung von gleich zwei Majestäten: Das Kaiserpaar Leopold I. und Eleonore Magdalena, eine gebürtige Pfalz-Neuburgerin, kam mit seinem ältesten Sohn, Erzherzog Joseph, Ende August des Jahres 1689 in der Stadt an.

Im Januar 1690 fand zuerst die feierliche Krönung der Kaiserin im Augsburger Dom statt, die Krönung des erst elfjährigen Knaben zum römischen König folgte wenige Wochen darauf. Die Beschreibungen ihres monatelangen Aufenthaltes mögen in manchem Prunk die Erinnerung an alte Zeiten wachrufen – und

Bis auf den heutigen Tag fühlen sich die Fugger der Erhaltung der Fuggerei – der ältesten bestehenden Sozialsiedlung der Welt – verpflichtet.

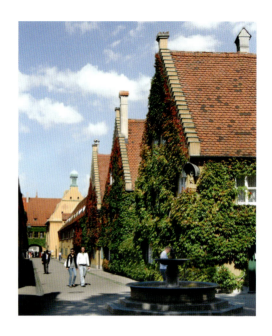

doch herrschte ein gegenüber den Großereignissen des 15. und 16. Jahrhunderts völlig verändertes Flair. Die überlieferten Schriften ergehen sich endlos in den umständlichen Abläufen des französisch beeinflussten Hofzeremoniells, dessen striktes Regelwerk sich mittlerweile auch am Kaiserhof etabliert hatte. Der Umgang der Fuggerschen Gastgeber mit den Wiener Majestäten und ihrem auf fast 500 Personen angewachsenen Begleiterstab ist trotz ausführlicher Schilderungen kleinster Zeremonien mit keinem Wort mehr überliefert und dürfte sich auf marginale Begegnungen beschränkt haben. Die großen Bankette fanden nicht mehr in ihrem Hause am Weinmarkt, sondern nun im Goldenen Saal des Rathauses statt, das Elias Holl in seiner Heimatstadt 1615 bis 1620 errichtet hatte.

Um als Geschlecht zu überleben, mussten sich die Fugger nach dem Westfälischen Frieden auf ganz neue Weise definieren und entwickeln. Ihre einst verliehenen Adelstitel, mit denen sie in Augsburg übrigens nie in Erscheinung getreten waren, eröffneten ihnen neue Tätigkeitsfelder. Als hochrangige Militärs, kurfürstliche Kammerräte, Obristhofmeister, Oberstallmeister oder Oberhofmarschälle fanden viele von ihnen neue Aufgaben vor allem in wittelsbachischen und habsburgischen Hofdiensten. Einige ihrer weiblichen Familienmitglieder machten sich als Erzieherinnen der kurfürstlichen Prinzen und Prinzessinnen einen Namen.

Der Schwerpunkt ihrer Tätigkeiten verlagerte sich im Laufe des 17. und 18. Jahrhunderts von Augsburg an den kurfürstlichen Hof nach München. Daneben verwalteten sie und verwalten bis heute ihre verbliebenen Ländereien und Forste. Sie kommen darüber hinaus den Verpflichtungen gegenüber den alten Fuggerschen Stiftungen wie beispielsweise dem Unterhalt der heute weltweit ältesten Sozialsiedlung, der Fuggerei, uneingeschränkt nach – so wie es ihre Vorfahren ihnen einst aufgetragen haben.

Literaturauswahl

Johannes Burkhardt/Franz Karg (Hg.), Die Welt des Hans Fugger
(1531–1598), (Materialien zur Geschichte der Fugger, Bd. 1,
hg. vom Fuggerarchiv), Augsburg 2007

Chroniken der schwäbischen Städte. Augsburg, Bd. 4, Leipzig 1894

Chroniken der schwäbischen Städte. Augsburg, Bd. 5, Leipzig 1896

Reisen und Reisende in Bayerisch-Schwaben, Hildebrandt Dussler (Hg.),
2 Bde., Weißenhorn 1968

Renate Eikelmann (Hg.), „lautenschlagen und ieben" – Die Fugger
und die Musik. Anton Fugger zum 500. Geburtstag, Augsburg 1993

Stephanie Haberer, Ott Heinrich Fugger (1592–1644), Augsburg 2004

Mark Häberlein, Die Fugger. Geschichte einer Augsburger Familie
(1367–1650), Stuttgart 2006

Christl Karnehm (Bearb.), Die Korrespondenz Hans Fuggers von 1566-1594.
Regesten der Kopierbücher aus dem Fuggerarchiv, 3 Bde. (Quellen zur
Neueren Geschichte Bayerns, hg. von der Kommission für Bayerische
Landesgeschichte bei der Bayerischen Akademie der Wissenschaften,
Abt. III. Privatkorrespondenzen), München 2003

Victor Klarwill (Hg.), Fugger-Zeitungen, ungedruckte Briefe an das Haus
Fugger aus den Jahren 1568–1605, Wien – Leipzig – München 1923

Norbert Lieb, Octavian Secundus Fugger (1549–1600) und die Kunst,
Tübingen 1980

Götz Frhr. von Pölnitz, Jakob Fugger, 2 Bde., Tübingen 1949

Michel de Montaigne, Tagebuch einer Badereise, Stuttgart 1963

Paul Münch, Lebensformen in der Frühen Neuzeit 1500 bis 1800,
Frankfurt am Main und Berlin 1996

Martha Schad, Die Frauen des Hauses Fugger von der Lilie
(15.–17. Jahrhundert), Tübingen 1989

Paul von Stetten, Geschichte der Heil. Röm. Reichs Freyen Stadt Augspurg.
Aus bewährten Jahr-Büchern und Tüchtigen Urkunden gezogen und an das
Licht gegeben [...], 2 Bde., Franckfurt am Main und Leipzig 1743/1745

Nicolaus Thoman, Weissenhorner Historie, in: Quellen zur Geschichte des
Bauernkriegs in Oberschwaben, hg. von Franz Ludwig Baumann (Bibliothek
des litterarischen Vereins in Stuttgart, CXXIX), Tübingen 1876

Bildnachweis

Titel:

Fürst Fugger Privatbank,
Fuggermuseum Babenhausen/Manfred Lehnerl

Inhalt:

Arthothek: S. 53
Baumgartner, Thomas: S. 72/73, S. 82/83
Bayerisches Nationalmuseum: S. 10
context medien und verlag/Archiv: S. 4/5, S. 20, S. 57
Fürst Fugger Privatbank: S. 12/13
Fuggerarchiv Dillingen: S. 7
Fuggermuseum Babenhausen: S. 28, S. 32, S. 51, S. 86
Kleiner, Wolfgang B.: S. 62, S. 92
Kluger, Martin: S. 6, S. 19, S. 58/59, S. 75, S. 77
Kunstsammlungen und Museen Augsburg: S. 17, S. 24, S. 27, S. 38/39, S. 64
Privat: S. 23, S. 80, S. 85
Regio Augsburg Tourismus GmbH: S. 34/35, S. 48/49
Staats- und Stadtbibliothek Augsburg: S. 37, S. 66, S. 91
Stadtarchiv Augsburg: S. 61, S. 66

Noch mehr zum Thema Fugger ...

· Jakob Fugger (1459–1525). Sein Leben in Bildern

Der Bildband zeigt wichtige Stationen im Leben Jakob Fuggers – in Augsburg und Nürnberg, Venedig und Rom, in Schwaben, in der Slowakei und Spanien, in Portugal und Indien. Die Texte erklären das Leben und Wirken des großen Augsburgers und dokumentieren, dass die Geschichte der frühen Jahre des Kaufherrn und Bankiers umgeschrieben werden muss. 48 Seiten, 14,90 EUR

· Die Fugger. Die deutschen Medici in und um Augsburg

Der Kulturreiseführer im Taschenbuchformat: die Geschichte der Fugger in Wort und Bild – und rund 100 Sehenswürdigkeiten der Fugger in Augsburg, zwischen Donautal und Unterallgäu, Iller und Altbaiern. 216 Seiten, 9,80 EUR

· Die Fuggerei. Ein Führer durch die älteste Sozialsiedlung der Welt

Die Fuggerei – ihre Sehenswürdigkeiten, ihre Museen, ihre Geschichte und die Geschichte ihres Stifters. Der Führer durch die älteste Sozialsiedlung der Welt enthält zahlreiche Fotografien und mehrere Pläne. 72 Seiten, 4,90 EUR

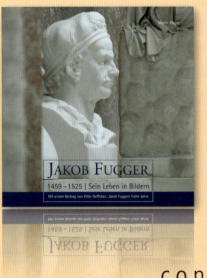

context
medien und
verlag

Noch mehr Buch: www.context-mv.de